赢在博弈

做一个有掌控力的女人

刘春艳◎著

海洋出版社
北京

图书在版编目（CIP）数据

赢在博弈 ：做一个有掌控力的女人 / 刘春艳著．
北京 ：海洋出版社，2024．12．-- ISBN 978-7-5210
-1427-3

Ⅰ．B848.449

中国国家版本馆 CIP 数据核字第 20247AN563 号

赢在博弈：做一个有掌控力的女人
YINGZAI BOYI：ZUO YIGE YOU ZHANGKONGLI DE Nü REN
刘春艳 著

策　　　划：黄海香　朱　敬
责 任 编 辑：刘　斌
装 帧 设 计：触点视界设计工作室
制　　　作：彭文琪
责 任 印 制：安　淼

海洋出版社 出版发行

网　　　址：www.oceanpress.com.cn
地　　　址：北京市海淀区大慧寺路 8 号
邮　　　编：100081
印　　　刷：南昌市红星印刷有限公司
经　　　销：新华书店
版　　　次：2024 年 12 月第 1 版　2024 年 12 月第 1 次印刷
开　　　本：880 mm × 1230 mm　1/32
印　　　张：6.5
字　　　数：120 千
定　　　价：52.80 元
发 行 部：010-62100090
总 编 室：010-62100034

目录

第一章　自我博弈

认识自己，是一生顺遂的开始

第二章　职场博弈

小胜靠算，中胜是有德，大胜是有道

第三章　家庭关系处理

构建和谐家庭关系，让每个角色都合格

第四章　终极博弈

夫唯不争，天下无敌

第一章 ※Chapter One

自我博弈

认识自己，

是一生顺遂的开始

与心灵深处的自卑感握手言和

我相信自己，
生来如同璀璨的夏日之花，
不凋不败，妖冶如火，
承受心跳的负荷和呼吸的累赘，
乐此不疲。

——泰戈尔

生命如诗，人生如歌。

我们的生活本该五彩斑斓。但是，在这个世界上，有那么一些人，他们背负着沉重的心理负担，被心灵深处的自卑感捆绑了手脚。

这种自卑感在现实生活中的表现是多方面的——自我评价

过低、对未来悲观失望、总是看别人不顺眼，等等。这些表现并非单独存在，而是叠加出现。自卑感的形成有十分复杂的原因，一个人之所以深陷自卑，往往与原生家庭有密切关联。

原生家庭是每个人在成长过程中最早接触的社会环境。它对一个人的性格和行为起到了潜移默化的作用。有些人在原生家庭中不仅缺少父母的关爱，而且被持续打压甚至惨遭虐待，那么这极有可能导致他们产生强烈的自卑感。

卢暖成长在一个单亲家庭，妈妈一手将她抚养长大。妈妈收入不高，既要照顾老人，又要抚养女儿，可想而知，她们的生活有多拮据。

为了让卢暖更快地成长，妈妈制定了很多“家规”，如果她哪里做得不达标，就会招来妈妈的一顿数落。地扫得不够干净，妈妈劈头盖脸就是一番责骂；客人来访，卢暖表现得不够乖巧，妈妈也会责备。6岁那年，卢暖非常羡慕学舞蹈的小朋友，可妈妈却经常说她“又黑又胖，不适合跳舞”。因此，卢暖也没有什么特长。

卢暖妈妈进行的这些所谓的“打压式教育”，不仅没有给卢暖的成长带来帮助，反而让她愈发自卑起来。而且，这种充满否定和打压的话语，让卢暖学会了对别人挑刺儿，看谁都不满意、不顺眼，即便是全面发展的优秀同学，她也能罗列出一堆不足之处。

对生活充满悲观，对别人总是挑刺儿，这使卢暖成了学校里的“孤家寡人”，没有哪个同学愿意和她来往。只有当她考出好成绩时，才能从妈妈嘴里听到一两句比较温情的话语。

这样的日子一直持续到卢暖高中毕业。直到卢暖考取了一所外地大学，她才终于从这个令她窒息的家庭中逃离出来。

可卢暖也对自己的大学生活充满了焦虑不安：我一无是处，会不会被同学们笑话呢？我该如何与同学们相处呢？

卢暖拖着行李走进宿舍，早来的室友们都热情地跟她打招呼。卢暖简单地回了一句，放下行李，转身就走。

当晚，室友们谈起各自的阅读兴趣。李佳说，她喜欢读心理学方面的书，正是通过阅读这些书，她才慢慢变得开朗阳光。

其他人惊呼着：“这么神奇！你是怎么做到的？”

沉默许久的卢暖问道：“像我这样的人也可以变得自信起来吗？”

“当然可以！以前我就特别看不惯别人，也觉得自己不配拥有幸福，现在我不仅跟朋友相处得很好，还觉得自己理应追求幸福。”

听到这里，卢暖心头“咯噔”一下，这说的不就是自己吗？长久以来，她就是这样看待自己的：不配得到好的东西，也不配得到别人的关心，毫无可取之处，身上一堆缺点。

以前，卢暖不知道如何改变对自己的看法，更无力改变生活境况。现在有了这样的契机，或许真的可以有所改变呢！

第二天清晨，卢暖向李佳询问：“请问我可以读哪些心理学的相关书籍？”——这可是破天荒头一次，卢暖愿意主动跟同学搭话。

“你可以从一些最基础、最大众的心理学书籍开始读。”

经过一段时间的学习，卢暖了解到，自卑虽然让人产生不配得感，但它也具有一定的价值。在弗洛伊德精神分析学派的阿德勒看来，自卑感可以为个人发展提供一定动力。正是自卑感的存在，才让我们渴望自己变得更好，从这个层面来讲，自卑感也并非全无意义。卢暖还厘清了自卑感源自妈妈的打压式教育，而并非她本人不够好。

李佳建议卢暖，可以利用积极的心理暗示和具体的行动来增强信心。比如，每天照镜子时在心里赞美自己的某些优点，让这些小小的闪光点照亮自己这一整天。再比如，尝试表达自己的感受、观点和情绪，讲述那些让自己感到快乐的事情。

生命原本是一朵色彩斑斓的花朵，只是在绽放之前，注定要承受风雨的洗礼。自我天性中的弱点、劣势，不该成为阻挡生命之花绽放的原因。

当我们不断克服自我天性中的自卑、敏感、不配得感，我们的生命之花才能够以最美丽的姿态，在蓝天白云下摇曳盛放。

给自卑女生的建议

✦ 春天里的每一朵花都是美丽的

世界上没有一个人是完美的，我们应该看到自己身上的优点和缺点，接纳自己的不完美。每个人都值得被欣赏和爱，你自己就是最美最独特的风景。

✦ 挖掘自卑的根源，先弥补性格的缺陷

首先要自我审视自卑产生的根源，看见自己性格方面的缺陷，不逃避，不自暴自弃，客观分析原因，相信自己是命运的主人，试着从此刻开始慢慢改变，相信自己一定可以变得更好。

✦ **请远离让我们感觉不舒服的人**

尽量远离那些经常发表负面言论、表达消极观念的人，不能因为这类人的负面言行，让我们产生放弃改变自我的念头。

✦ **改变很辛苦，可能会反复，但不要放弃**

有意识往相反的方向走，去尝试改变，多学习专业知识，和与自己不同的人交往。在改变的路上，可能会出现一些消极、负面的言论，你可能会打起退堂鼓。但是没关系，只要一直在改变的路上，给自己正面激励，一定可以成为理想中闪闪发光的自己。

知人者智，自知者明

据说每个人需要一面镜子，可以常常自照，知道自己是个什么东西。不过，能自知的人根本不用照镜子，不自知的东西，照了镜子也没有用。

——钱钟书

《道德经》中有一句话说得非常有道理：“知人者智，自知者明。”这句话的意思是，能了解他人的人是聪明的，但能够了解自己的人，才真正具备智慧。

了解自己，不仅包括了解自己的性格、特长、兴趣爱好、人生志向等，还包括了解自己所处的位置，以及应该做什么事情。

人如果不了解自己，就容易迷失自我，找不到人生方向。况且，只有很深刻地认识自己，才能去了解别人，了解世界。所以，自我博弈当中最难的，同时也是最重要的事情，就是了解自我。

但很多人对于自我并不了解，或者是有所了解却并不深刻。

下面是一个在职场打拼多年，把企业做到上市的成功女性的自白：

在我小的时候，我的妈妈和姐姐非常擅长织毛衣，各种颜色的毛线到了她们手中，都会变成一件件款式漂亮的毛衣。不过，对于织毛衣、做家务这些活儿，我完全不擅长，并且也不感兴趣。妈妈经常说："等以后看你怎么嫁人，这么笨！"

等到长大之后，我依然是个不懂如何照顾自己，也不懂怎样打理家务的人。可是，我从来没有因此而觉得沮丧，更不会因此而认为自己"没用"。毕竟，一个人的"有用"可以体现在多个方面。只要我们知道这一点，就不必因为自己身上不具备某种特长而焦虑，更不需要用自己的弱项去对比别人的强项。

当我知道自己的优势在哪里，自己的兴趣在哪里，在就业的时候，我就会找准自己的发展方向；当我摆正自己的家庭位置，明白自己扮演的角色，在维系家庭关系的时候，我就会十分看重边界感，不会出现超过边界的言行。

有些女孩之所以感觉婆媳关系难处理，在很大程度上是因为没有想清楚自己需要扮演的角色，不明白自己应该承担的责任。你是一个儿媳，就不要期待婆婆像妈妈那样；同样的道理，婆婆也不要指望儿媳像女儿那样。假如双方都是明白人，都对自己的身份、位置具备清醒的认知，那么这样的婆媳关系就会很容易打理。

在我身边有一些30多岁的女孩，她们聪明漂亮、十分优秀，但因为没有遇到合适的人，依然保持着单身状态。可是，这些女孩的父母，往往因为碍于面子而对她们施加压力。有些女孩，明确地知道哪类对象适合自己，所以会坚持自己的想法；可有些女孩就抱着“完成作业”的心态，将自己送入婚姻生活，之后才发现，两个既没有共同语言，也没有感情基础的人，生活在一起是多么别扭！

还有一些女孩在求学、求职阶段，或是听凭家长安排，或是选择随波逐流，她们选择的专业和职业并非自己真心热爱，更不是自己的专长，那么她们不仅浪费了时间，还浪费了自己的才华。

如果我们不能很好地了解自我，并且诚实地面对自己的内心需求，根据个人专长选择人生赛道，那么就只能稀里糊涂地过日子，草率而仓促地过完这仅有一次的宝贵人生。

说到这里，就不能不提到一个大家耳熟能详的理论——“木桶理论”。木桶理论也叫短板效应，由美国管理学家彼得提出，一只木桶能够盛放多少水，是由构成木桶的那块最短木板所决定的。这一理论启示人们，劣势往往对一件事情的成败有关键的影响，所以人们要弥补自己的劣势与不足，让自己得到全面发展。

但我觉得，木桶理论具有一定的局限性——我们何必一直盯着自己的短板看呢？我们的人生能够发展成什么样子，难道不是由我们的长处所决定的吗？在认清自己的缺陷时，人们更应该认识并发挥自己的长处，扬长避短。

就像我们普通人无论如何努力，永远都不太可能取得像姚明那样的篮球成绩，因为有些劣势与不足是无法弥补的。然而，我们却可以将自己的优势、强项发展到最好，成为团队中无可取代的那一个。能够做到这一点，也是具有自知之明的体现。

所谓自知之明，就是对自己的强项和弱项有清楚的认知，明白自己应该朝着哪个方向发展，了解自己应该规避哪些行业、领域。不要拿别人的标准来要求自己，也不要把自己活成别人。每一个人都有自己的强项和短板，我们不必因为自己的短板而自卑，因为那根本无法代表我们的整体能力；我们要将自己的强项发挥出色，因为自己的长板决定了人生的极限。把强项发挥好，才能活成成功的自己。

在这个浮躁的时代里，很多人只想追求捷径。可是大家似乎忘记了，如果我们不认识自己的能力，不了解自己适合做什么事情，又如何尊重自己的本性呢？

认识自我是一堂人生必修课，我们需要知道自己是谁，应该扮演什么角色，承担什么责任，摆正自己的位置，不勉强自己，守护好自己的边界感，这就足矣。

同时，认识自我是一个比较长期的过程，因为人是发展变化的，所以，我们对自我的探索永远不会止步。

如何提升自我认知？

✦ 经常自我反省

《论语·学而》中有言：“吾日三省吾身。”学会躬身自省，也是深刻认识自我、提升自知力的途径。特别是那些失败的经历和错误的事情，会给自己带来更多人生启发。

✦ 不要恶补短板，而要将优势发挥到极致

我们的某些短板，很可能一生都无法弥补。所以，我们也不必在短板方面浪费时间。只要好好发挥我们的优势，一样可以过好生活，拥有精彩的一生。

✦ 以别人为镜

有句名言说:“别人眼中的你不是你，你眼中的别人才是你。”从你眼中看别人，去认识你，把别人作为自己的镜子，就可以清楚地看到自己是什么样的品行、在害怕或担心什么，以及有哪些优点和缺点。

✦ 善于学习，终身学习

尽管我们每个人都有无法弥补的短板，但我们依然要尽可能地多学一些东西。当然，我们不只要学习知识，更要增长见识、拓展视野，成为更好的自己。

胜人者有力，自胜者强

深窥自己的心，而后发觉一切的奇迹在你自己。

——培根

一生中，我们会遇到形形色色的竞争对手和“敌人”。有的是事业上的竞争对手，有的是爱情路上的竞争者，有的是学习路上的“拦路虎”。此外，还有无数看不见的挑战和困难。正因为外界的挑战无处不在，我们才误以为“真正的成功是赢得一场又一场与‘外人’的较量”。

我们总渴望战胜对手，却独独忘了每个人心中始终存在着一个最大的敌人——自己。金无足赤，人无完人。每个人身上或多或少都存在着不足。当我们能深窥自己内心的恐惧,看到它，克服它，战胜它，转换它，将劣势转变成优势，你就会变得“无往不利”。

要知道，每个人都存在着无穷无尽的力量。而且，这种力量并不能从外界获得，而是自己在向内生长的过程中不断滋生出来的。每一次向内自观,每一次打破舒适,每一次自我提升……都能让我们乘风破浪，披荆斩棘!

成功似乎成了晓雯身上的“固有标签”。她的业务能力、处事能力、交际能力都是业界中的翘楚。虽然外界对她评价颇高，可是只有晓雯自己知道她的弱点所在——特别恐惧当众演讲。在大学时，她被选为优秀毕业生代表，要在2000多名师生面前代表毕业生发言。晓雯使劲克制住想要眩晕的感觉，努力走上演讲台，用颤抖的声音断断续续地念着，到最后她也不知道自己是怎么从台上下来的。最后，她依稀从别人的口中得知老师对她的评价:“唉，原以为晓雯的演讲能力像她的成绩一样出色……”后面的内容可想而知。

毕业后找工作时，晓雯刻意避开了那些需要在公共场合发言的职位。目前看来，她的选择似乎是对的，于是她常暗暗窃喜自己选择了一份“最适合自己的好工作”。

几年后，晓雯因为能力出众，被破格提拔为公司的总经理。然而，晓雯对岗位的提升并没有太多的欢喜。成为总经理，意味着自己将要代表公司在大大小小的场合上发言。比如，3个月后的行业高端论坛，早已内定了让晓雯在论坛上作报告。大学时上台发言的阴影再次笼罩了她，久久挥之不去。晓雯想找总裁商量一下，看看能不能换个人作报告。谁知，总裁一口回绝了，语重心长地对她说:“在其位谋其职。你站在总经理的位置上，就注定了要承担起展示公司形象的重任。”晓雯陷入了进退两难的局面:一方面，她舍不得自己好不容易迎来的事业高峰;另一方面，她又十分惧怕当众上台发言。

无奈之下，晓雯只好求助自己心理学专业的朋友。听完晓雯的叙述，朋友一针见血地问她:“除了大学的那次发言外，是不是小时候也有不好的回忆?”晓雯点点头。原来，在她小学二年级的时候，轮到晓雯上台分享故事。也许是背得不够熟练，也许是太过紧张，晓雯上台后脑袋就一片空白，接连说错了好几个地方，引得台下的同学们哈哈大笑。从此以后，晓雯对上台这件事充满了恐惧。

找到了根源，晓雯的朋友为她制订了一份周密的提升计划，帮助她重点攻克心理魔障。为了尽快克服自己的缺点，晓雯将周末的大部分时间都用在了练习演讲上。针对一个主题，反复打磨，不断训练，直至倒背如流，让自己的大脑对演讲的内容建立起条件反射。哪怕紧张、慌乱，晓雯也能让大脑“自动”输出。而她的听众从最初的5个人，变成了10个人、20个人……有时候，她还主动应邀参加商界朋友举办的沙龙，积累当众演讲的经验。

经过上百次的训练后，晓雯感觉自己有些不一样了。上台后，手不抖了，说话不结巴了，语句也更加连贯了。更重要的是，她心中的恐惧正在一点点消失。行业高端论坛进入倒计时，公司里所有人都在关心晓雯的准备情况。看到晓雯自信满满、从容不迫的样子，总裁满意地点了点头。

论坛当天，晓雯胸有成竹地站在300多人面前。她精彩绝伦的演讲赢得了阵阵掌声。她站在演讲台上，看着台下喝彩声如潮水一般，久久不停歇，一种难以言表的自豪感油然而生。

这是她从未拥有过的“成就感”。

晓雯感慨道:“原来，战胜自己的感觉竟然如此美妙。”也许，这就是老子说的“胜人者有力，自胜者强”的真正含义吧。

从小到大，父母、老师总是教导我们“要努力战胜困难，击败对手,赢得胜利”。于是,我们习惯了将视线聚焦在周围的人、事、物上。现在，是时候将目光转向自己身上了：我有哪些弱点阻碍着自己在职场的晋升之路？我在哪些方面需要进一步提升，才能突破现有的发展瓶颈？

正所谓“行有不得者，皆反求诸己，其身正而天下归之”。时时观照自己的内心，常常反思、反省、总结，对自己的优势和劣势才会有更加清晰的认知和准确的定位。这是战胜自己的决定性因素。

我们内在的一点点改变，可能会创造意想不到的奇迹。

如何战胜自己？

✦ 敢于承认自己的不足

想要成为自胜者，首先要发现自己的缺点和不足，少了自我觉察，一切无从说起。其次要勇于承认、接纳自己的不足，只有这样，我们才能改变，也才会成为真正的“强者”。

✦ 跳出舒适圈

我们之所以停滞不前，是因为在舒适圈里停留太久了。在舒适圈里，即使不做任何改变，我们也觉得安心、自在、舒服……然而，代价却是我们的人生难以有长足的发展，达到一个新的高度。所以，跳出现有的舒适圈，才能让我们有突破和进展。

✦ 制定明确的学习目标

如何才能填补弱项、提升能力？对于我们自身存在的问题，需要通过制定学习目标、成长计划的方式，明确自己前进的方向。坚持不懈，持之以恒。这些看似阻碍我们成长的弱点，总有一天会成为助力我们腾飞的翅膀。

不可好为人师

人之患在好为人师。

——孟子

你是否也曾有过忍不住想要教育、指导、纠正别人的欲望。其实，这是人类虚荣的本性，本能地想要在别人面前炫耀、展示，满足自己的成就感。

接下来，我要说的不是顺应自己的本性，而是抑制自己“好为人师”的欲望。为什么我会这么说呢？因为，我们渴望彰显自己才华、学识、能力的欲望，可能会对他人造成一定的困扰。

此时，我们不妨回想一下自己曾经“好为人师”时的说话口吻，“……我这是为你好”“你说的不对……”“不，不是这样的”。单从语气里就能感受到这是在强硬地给对方灌输道理，仿佛我们才是那个拥有“大智慧”的人，而对方什么都不懂。殊不知，我们“好为人师”的行为，有时不仅不会赢得对方的感激和尊重，还会让对方心生厌恶。

在与人交往的过程中应学会克制自己的说教欲望。

琪琪很纳闷，自己又不是什么洪水猛兽，为什么朋友们都对自己避而远之呢？本来说好的同学会，大家一听说自己要去，就纷纷说“有事,去不了”。好好的同学会就这样莫名其妙地没了……

不得已，琪琪只好向自己的闺蜜一问究竟。闺蜜一上来就说了一串让琪琪一头雾水的话:“要不是我从小和你一起长大，知道你的品性，否则，我也不愿搭理你。”闺蜜的话让琪琪更加摸不着头脑，她怎么也想不明白，自己怎么就把身边的朋友全都得罪了？闺蜜说:“你这个人什么都好，就是有一点不好，总是好为人师，对别人指指点点。”

闺蜜的话让她想起两个月前的大学同学聚会。多年未见，大家在聚会上都感慨万分，不约而同地聊起了自己毕业后的点点滴滴。有的同学毕业后一帆风顺，发展得很好，而有的同学仍在最基础的岗位上奋斗。琪琪就是班里成功的典范。毕业两年后，琪琪就晋升为部门经理，手下有十多名员工。看到昔日的同学仍在一线上“苦苦挣扎”，琪琪一副“恨铁不成钢”的模样。她把事业不顺的同学拉到一旁，当场传授起自己的职场晋升秘籍。

“当初你就不该做设计，这个岗位很难有大的发展空间，应该像我这样晋升后带团队，做项目，才会有前途。”“你不觉得你和上司的相处方式有问题吗？不然为什么你这么多年还是升不上去？”琪琪全然不顾同学脸上的尴尬，完全沉浸在自己的世界里，自顾自地侃侃而谈。最后，同学连饭都没有吃完，就和大家匆匆打了一声招呼，说自己有事要先走一步。

琪琪对自己的闺蜜也是如此。比如，琪琪特别重视自己的饮食，一向只吃健康的食物，而闺蜜很喜欢吃油炸类的食品。有一次，琪琪看到闺蜜手里捧着炸鸡津津有味地啃着，她便忍不住对闺蜜进行了一番教育，说：“你知道炸鸡有多少热量吗？多长肉呀！你知道里面有多少致癌物吗？多环芳烃、杂环胺听说过吗？多可怕呀！”一听到琪琪唠叨，闺蜜就特别生气地说：

“和你在一起，吃炸鸡的心情都没有了！”

琪琪“好为人师”的毛病，让身边的朋友都不敢和她一起吃饭、聊天，生怕“被教育”。

好为人师最让人不舒服的地方，就在于丝毫不考虑对方的立场和感受，一味地强加自己的观点，反复说教和灌输“大道理”。也许，你在“为人师”的过程中，自己的虚荣感得到极大满足。可是，这背后是以对方的不适、厌烦为代价。我们不妨换位思考一下，如果有人总想着纠正你的行为，告诉你人生“大道理”，勒令你“应该干什么”“不应该干什么”，你会有什么样的感受？

所以，在别人开口向我们求助之前，一定不要轻易提建议，更不要对别人指手画脚。如此一来，既能让自己赢得好感，又能创造和谐的社交关系。

如何避免“好为人师”？

✦ 倾听为主

有时候，对方和我们诉苦，并不是真的想让我们给他提什么意见，而只是想单纯倾诉而已。这时候，我们就只要“听”就行。听听他心里的委屈和愤懑，听听他的牢骚和不满，此时不要给对方任何建议或意见，就让他尽情地说。当你成为一个很好的倾听者时，你在对方心目中的“地位”就会直线上升。

✦ 尊重他人的选择和决定

每个人都有自己的思考和决策能力，我们应该尊重对方的选择和决定，给予他们足够的自主权。同时，我们也不要将自己的观点强加于人，更不要试图去改变别人。即使我们认为对方的想法是错误的，也不要对别人所作的决定指手画脚。

✦ 提建议时多用征询的口吻

如果我们想给对方提个醒，那么，此时的语气一定要仔细斟酌，建议多用征询的语气和措辞。比如，“……您看这样做，行不行？”“如果采用……的方法，是不是会更好一点？”“您可以试试……的方法，看看是不是能有所改善？”

千万不要用反语或者否定的语气，那样只会让对方产生排斥感，比如，“你把事情办成这样，还好意思说？”“不对，你不能这么做！”等等，这些语句只会加深对方对你的厌恶。

✦ 以谨慎语气结尾

切记，提建议不可过多，提完建议后要以谨慎的语气来结尾，如“这只是我一家之言，希望对你有帮助”“今天我没说错什么吧？”“如果有不对的地方，还请多多海涵”等。当我们保持一种谨慎谦卑的态度，就会赢得对方的尊重。而且，对于我们提供的建议，对方也更容易欣然接受。

学会拒绝，才能轻松做自己

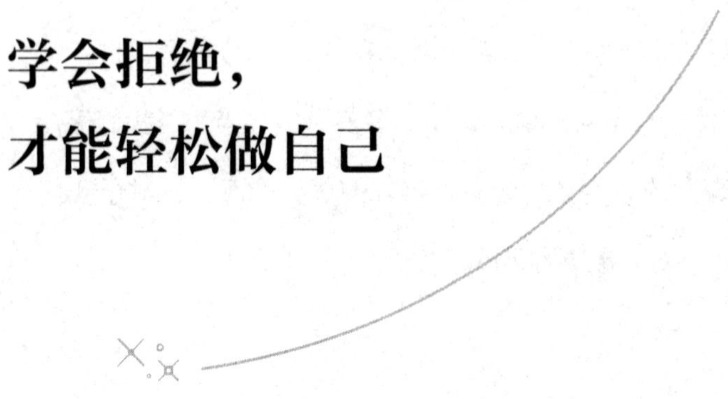

战略就是学会说不。

——史蒂夫·乔布斯

“从小到大，所有人都在要求我善解人意、助人为乐、懂得分享、待人友善。可是，却从来没人告诉我如何说‘不’，如何拒绝别人。”我想，这不是个体的声音，而是一群人的心声。

不习惯拒绝别人，让我们渐渐忘记了我们还有拒绝的权利。你要知道：不愿意帮忙，并不是粗鲁、没礼貌；不乐意分享，也不是自私自利的表现；不迎合别人，更不会损害自己在对方心中的形象。

拒绝，不是不近人情、冷漠绝情，而是重视自己的感受，尊重自己的意愿。请你记住：只有当你学会拒绝别人，遵从自己的内心时，你才能获得真正意义上的独立和自由。

小颖一直都是父母、老师口中的“乖孩子”“好孩子”。可她怎么也没想到，自己打小奉行的“乖”“听话”却成了自己长大后不快乐的根源。

小时候，衣服是妈妈选的，兴趣班是爸爸报的，学习计划是老师定的，小颖只需要乖巧地答应，说“好”就行。有一次，她实在不想去上围棋课。因为老师说的自己压根儿听不懂，上课简直就是一种折磨。她悄悄地和爸爸说：“我不想去上围棋课。”原以为爸爸会问她为什么不想去，是不是上课太无趣了？小颖还准备了一连串的解释。可是，爸爸没有问她原因，而是态度强硬地说：“你怎么这么任性？一节围棋课那么贵。不行，一定要去上。”只要她一开口说“不”，爸爸妈妈的指责就扑面而来，“不听话”“不懂事”“不乖”“不是好孩子”……也就是在那时，小颖的内心被埋下了一枚“不会拒绝”“不能拒绝”“不允许拒绝”的种子。

长大后的小颖顺从、温柔，是领导和同事口中的“好员工”。公司里还流传着一句话：“想要帮忙，找小颖就行。”买午餐，找小颖；蹭顺风车，找小颖；不想做策划案，找小颖……可是，只有小颖知道自己究竟有多不快乐。初到公司，领导不经意的一句“你经验丰富，以后多帮帮王敏吧”，让她成了王敏的“影子”。王敏的工作是负责项目商业策划案。自从小颖来了以后，她不仅要完成自己的设计工作，还要帮助王敏写策划案。所以，每当王敏写不出来时，就喜欢搂着小颖的胳膊说：“领导让你多帮帮我，你就帮帮我吧。”因为王敏知道，小颖一定不会拒绝自己。

小颖心里明白：一味地帮忙，对王敏工作技能的提升毫无益处。可是，那句“不”始终说不出口。就像她明明不顺路，绕着远路也要送同事回家一样。

一直习惯于点头说“好”的小颖，活得越来越不开心，情绪越来越低落。直到有一天，王敏再次找她帮忙写策划案，内心压抑已久的小颖第一次果断拒绝了王敏：“我手头上还有很多工作，况且我一直帮你也不是个办法，你得学会自己做策划案。”听到她的拒绝，王敏有些诧异，不过还是点点头说：“你说得对，我的确不能一直依赖你，这样我自己也无法成长，我先自己试试看吧，这段时间麻烦你了。”

王敏的反应，让小颖始料未及。原来，拒绝别人并不会让别人感到反感，更不会被扣上“不礼貌”的帽子。

后来，她又试着拒绝了同事想搭顺风车的请求：“我今天要去一趟菜市场，不是很顺路，不能顺道送你回家了。”她又用微信回复了妈妈：“我们公司最近不招人，你让表妹在网上投简历试试。”

第一次开口说“不”，小颖心中那股积累已久的“不开心”不翼而飞了。

拒绝真的没有我们想象中的那么难。只是我们习惯了遵从，不知道该如何拒绝别人，将帮助别人当作自己的义务和责任。但是，我希望你明白，你可以有帮助别人的善心，同时也有拒绝的权利。

我们敢于说出“不”，只是表达自己拒绝意愿的第一步，更重要的是我们该如何拒绝，才能让对方不反感、不生气，甚至不会影响双方的关系。拒绝并不是简单地说“不”“不行”，而是要有技巧和方法。

如何优雅地拒绝别人？

✦ 站在对方的角度，承认对方的处境

不要一上来就拒绝，这样很容易引起对方的不满。我们不妨先进行换位思考，站在对方的角度看待他提出的要求。一旦了解到对方的难处和急切，更有助于我们选择更委婉的用词和态度。比如,我们可以用“我知道你确实非常需要帮忙”“要是我，我也会忙不过来”等话语回复对方，让对方知道你理解他们的感受。即使最后得不到你的帮助，他们也更能接受这一情况。

✦ 坚定地表达自己的立场

虽然对方很需要帮忙，但是我的现状不允许。此时，我们要向对方清楚地描述我们拒绝的理由，比如，“我还有很多工作没完成，可能没法儿帮助你了”“我刚还了房贷，手头也很紧，借不了钱给你”“我下班还要去接孩子，可能没法儿送你回家”，等等。我们一定要明确地表达自己的态度，而不是用模棱两可的词，比如，“我考虑考虑”“我想想看”。因为一旦这样含糊其词，就给对方留下了再次找你帮忙的余地。

✦ 给对方提出建议

当我们表达完自己的立场后，别忘了还有最后一步，就是给出我们的建议，为对方提供解决方案。比如，“（我一直帮你的话）你的工作能力很难得到提升”“（如果我去帮你考试的话）万一被抓到，你可能要被处分”“你可以试着在招聘网站上投投简历”“下班高峰期还是直接坐地铁更快一些”，等等。

总的来说，拒绝别人最好的方法就是“三个要”：语气要委婉；态度要坚决；要给出自己的建议或解决方案。

在低谷时不自弃，在得意时不忘形

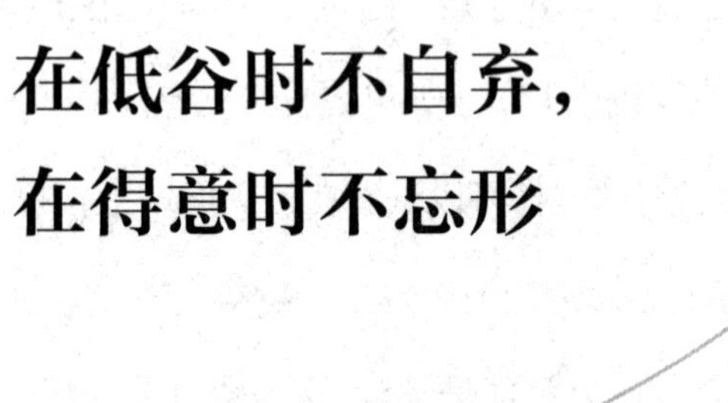

在隆冬，我终于知道，我身上有一个不可战胜的夏天。

——阿尔贝·加缪

人的一生有两个阶段最值得我们警惕。一个是低谷，人生的至暗时刻；另一个是高潮，人生的巅峰时刻。这两个阶段很大程度上决定了我们整个人生的走向。

身处人生最低点时，有的人会怨天尤人：“为什么倒霉的总是我？”有的人会陷入别人的冷嘲热讽中进行自我怀疑和否定，痛苦得久久不能自拔。有的人则想通过逃避现实的方式来麻痹自己。可是通过抱怨、堕落、逃避，就真的能让我们走出困境吗？

想要从低谷中挣脱出来，只有一种方法，那就是稳住自己的内心，保持冷静和理智。

一个人的强大不是在得意时呼风唤雨，而是在遇到困境时不自弃，不会被困难束缚，守住内心不动摇，敢于直视痛苦的根源，沉下心去反思，去蓄能，去向下扎根。只有这样，我们才能熬过漫漫长夜，突破人生的困局。

人生的另一大考验，就是如何面对得意。得意时的不忘形比失意时的不自弃更难。当人生走向辉煌时，很多人会沾沾自喜、得意忘形，不断炫耀自己的地位、荣誉、财富，忘记了自己的初心，也悟不透得意失意乃人生常态。《周易》中有云："日中则昃，月盈则食。"当我们开始骄傲自满时，很可能从此开始走下坡路了。

在人生得意的时候，最好的态度是不忘形，始终以一颗平常心对待。

何娇怎么也没想到，自己会在30岁那年接连遭遇失业、失

恋的双重打击。10年的感情，8年的工作，说没就没。何娇失魂落魄地走在街上，回想和男友从校园到社会，相知相伴已经10年了。她原本打算在30岁时和男友走进婚姻的殿堂。谁知，就在何娇憧憬着从校服到婚纱的美丽童话时，男友竟然义无反顾地选择和自己分手，而且好像已经有了新的选择，这让何娇愤怒不已，想冲到他面前责问他为什么，但此刻她好像连动的力气都没有了。

屋漏偏逢连夜雨。刚与男友分手一周后，何娇就接到了公司的裁员通知。她怎么也不明白，自己大学一毕业就进入公司，勤勤恳恳工作8年，竟然落得被辞退的下场。

先是失恋，再是失业，何娇整个人的精气神像被抽走了一般。她每天蜷缩在被子里，不敢看手机，生怕勾起自己和男友甜蜜的回忆；不敢和朋友见面，害怕听到朋友对自己冷嘲热讽。就这样，她浑浑噩噩地躺在床上度过了10天。

直到妈妈出现在自己眼前。

原来，妈妈从何娇的朋友口中无意得知女儿失业又失恋的消息，急急忙忙坐了20多个小时的火车赶到自己身边。看着妈妈出现的那一刻，何娇泪如雨下。妈妈已经快60岁了，头发已有些花白，却还在为自己操心，何娇心如刀割。如果自己继续沉沦的话，只会让妈妈更加担心。

一想到这里,她决定重新出发。为了提升自己的职场竞争力，何娇参加了一个线下培训课程，戒掉了刷短视频、看小说的习惯，每天过着“培训机构—图书馆—家”三点一线的充实生活。半年后，何娇顺利完成课程，取得了资格证，同时也成功应聘了自己梦寐以求的岗位。

在参加培训的过程中，何娇还遇到了一个懂她、欣赏她的男孩。她的人生正朝着灿烂美好的方向发展。

与何娇遭遇相反的是王慧。刚刚30岁出头的她就成为一家公司的财务总监。同时，她还拥有一位帅气的丈夫，一对可爱的孩子。王慧简直可以用“人生赢家”来形容。年纪轻轻事业爱情双丰收，王慧难免“飘”了起来。

在被提升为财务总监的那一天，她为自己办了一场盛大的晋升聚会，邀请自己的大学同学参加。在聚会上，她像一只高傲的孔雀，逢人就炫耀自己的成就。然而，因为她自己的高调和不谨慎，同行公司的人故意接近她，套出一些公司机密。事发后，她先是被罢免了财务总监一职，然后被调到了三线城市的分公司担任会计。

陷入人生的低谷不可怕，可怕的是我们被困难打败，被挫折摧毁，从此混混沌沌过一生。想要绝地反击，首先就要为自己积蓄力量。像何娇一样，从痛苦中挣脱出来，提升自己，充实自己。我们一定要相信：如若安住，花自盛开，蝶自飞来。

同样，在我们获得成功的时候，一定不要忘了自己的初心，也不要忘了自己为什么出发。时不时回头看看来时的路，才能在得意之际更加心存敬畏，心怀感恩。

在低谷时不自弃，在得意时不忘形，人生之路方能走得稳健又长远。

如何在低谷期做到不自弃？

✦ 你要明白，人生没有什么不可放下

告诉自己不要害怕，人生在世总要经历各种风风雨雨，有起有落很正常。所有的一切都会过去的。该吃吃，该睡睡，失恋、失业、病痛、失败……所有的苦难都会有过去的一天。

✦ 做正向、积极的事情

身处低谷中时，多运动、读书，让自己的内心安静下来。学会独处，少说多做。增加正向的能量，给予自己内心积极的暗示，守住内心的一方净土。

✦ 减少对他人的依赖，练就内心的笃定感

自我学习、充电，努力向下扎根。你要相信，只有全力向下生长，才能向上开出动人的花朵。沉淀自我，静待花开，等待机会，触底反弹。只有保持一颗平常心，在困境中不自弃，失意不失志；在得意时不忘形，宠辱不惊，方能进退自如。

减少精神内耗，将欲望控制在合理范围

所谓幸福的人，是只记得自己一生中满足之处的人；而所谓不幸的人是只记得与此相反的内容。

——荻原朔太郎

有时候，我们的生活不如意，内心很痛苦，其实不一定是生活辜负了我们，有可能是我们对生活提出的要求有点儿多。

想要的太多，欲望过度。一个人痛苦的根源往往就在于此：追求错误的东西，期待太高，欲壑难填。

我们想要美好的爱情、圆满的家庭、辉煌的事业等，却又不愿付出同等的代价。比如，想要苗条的身材，却拒绝不了美食的诱惑；渴望婚姻，却又不愿为此牺牲个人自由；不愿意被老板束缚，想自主创业，却不愿为此去冒险和付出比以往更多的辛苦和努力……所以，有些人永远只能在欲望和现实中痛苦地徘徊，让心迷了路。

在这个世界上，有很多人都明确地知道自己想要什么，这很好。但是，一个真正具备大智慧的人，往往是知道自己不需要什么，从而减少内耗。

病床上的燕妮，脸色焦黄如枯叶，平时柔顺的长发凌乱打结，曾经澄澈的眼睛里充满疲惫。这场景让人看了真是倍觉心痛。

一线城市既充满机会也充满诱惑和压力。在三线城市的普通家庭中出生的燕妮，毕业后选择了在一线城市工作，有一份看起来体面的与金融相关的工作，常出入高档写字楼、高尔夫球场、酒会等场所，接触的都是商界精英等所谓的成功人士。在收入不断增加的同时，燕妮的开销也越来越大。谈的项目以亿为单位，却过着接近“月光族”的生活。一个人经常接触所谓的成功人士，容易产生自己也是成功人士的错觉。所以，燕妮的生活标准也开始向成功人士们看齐。成功人士们的衣食住行的奢侈品配置，那自己也要有吧？

于是，从一开始置办符合职业身份的服装，到后来开始追求各种名牌服饰和包包：从最初的基础款式，再到潮流款、进阶款，疯狂收集各种昂贵的大牌服饰，已经是燕妮日常生活的常态。燕妮从不曾考虑过，她用自己几乎全部的收入，对标着成功人士们的顶配人生，不仅不能让她成为成功人士，还让自己陷入了欲壑难填的痛苦中。

物质上的追求还不算，燕妮在婚恋方面同样想要很多。她要求对方必须是本地户口，不仅要帅气多金，还要温柔和善、懂得疼人，每逢节日要送小礼物，日常生活中更要照顾好自己的情绪……很多时候，她忘记了，男士寻求另一半也是为了幸福。

也有些朋友好心提醒：想要的太多，最后很有可能什么都得不到。燕妮却觉得，只有这样顶配的人生才配得上优秀的自己。

当紧张的工作节奏和过多的欲望不能满足时，这两者叠加在一起，便压垮了燕妮的身心。大病一场的她躺在病床上，整天以泪洗面，觉得世界都是灰色的，看不到色彩。她对自己越来越不满意，开始自暴自弃。就在她以为自己的人生只能如此的时候，一天，同病房的一位病友指着窗外说：“看，柳树什么时候返青了呢！”

是呢，那些细长的树枝上缀满了点点淡绿。初春的阳光，只在正午的时候最温暖。在靠近窗户的病床上，燕妮感受着阳光洒在自己身上时的那份暖意。

从前的她，被困在自己的欲望里。要锦衣玉食，要生活光鲜，要人前显贵，要爱情美满……所求不得，苦不堪言。当放下这一切，突然发现，这个城市的早春时光，居然如此明媚动人！

幸福，不一定是靠无尽的外在物质来满足的。空气是免费的，阳光是免费的，生命中有很多宝贵的东西都是免费的。一棵小草破土而出，一片秋叶随风起落，雨滴轻轻敲打小荷，微风裹挟着花香拂面而过……生命中本就存在着许多免费的美好，我们却被无休止的欲望束缚着，忽视了随处可见的美好。前几年比较流行家庭整理“断舍离”，其实，人最应该断舍离的是一些没有意义的欲望。

等气温稳定回升后，燕妮也愿意从室内来到室外，进行一些简单的户外活动了。她闻着空气中弥漫的花香草香，尽情地享受着阳光。她从来没有像现在这样轻松、惬意。

在有了这番亲身经历和深刻思考之后，燕妮开始慢慢地减少欲望，在物质生活上不再追求名牌，而是更注重物品的实用性。在个人感情上，燕妮也不再过度关注对方的外部条件，而是更加关心对方的内在品质。

燕妮身边的朋友们说，她仿佛换了一个人似的，脸上笑容多了，眉间皱纹少了，整个人都变得阳光明媚起来。

将欲望控制在合理范围，摒弃一些不必要的需求，可以在极大程度上帮助我们降低内耗。所谓“合理范围”，当然不是劝人无欲无求。什么都不去追求的话，很可能会让自己陷入随波逐流、毫无斗志的境地。

最好的生活状态和最智慧的活法就是保持一定的生活要求。比如，每天读书、健身、努力工作，享受生命的过程。要知道内心无缺是富，被人需要是贵。学会降低欲望，做个“大富大贵”之人。只有我们降低欲望，用心去感受生命中的美好，才能真正幸福起来，品尝到生活的味道。

将自己的欲望控制在合理范围，学会过一种淡然的生活，减少精神内耗，就是与人性中的贪婪在博弈。生命中阳光雨露是免费的，自然美景也是免费的，我们能够享受这一切，已经很富有了！

检测自己的欲望是否合理

✦ 你对标想成为的人是谁，你和他 / 她之间有哪些条件是一样的，哪些是你通过任何努力也抵达不了的？

✦ 思考一下自己的欲望是出于什么目的，是因为想和他人攀比还是自己真正的需求？是因为别人的期待，还是因为自己真正想要去实现自我价值？

✦ 欲望可以外化为目标，看看你是否为欲望设立了明确的目标和实现步骤？如果没有，那就只是一种想象而已。

✦ 自己设定的目标是否远远超出当前的能力，会不会因为达不成目标而自我否认、自我怀疑，感受不到成功的喜悦？

✦ 正常工作、生活的情况下，你能否感受到快乐，会不会因为没有实现自己的欲望而痛苦难过？如果经常觉得自己是一个失败者，那你的欲望就需要适当减少一些了。

掌控情绪，
而不是被情绪掌控

成功的秘诀就在于懂得怎样控制痛苦与快乐这股力量，而不为这股力量所牵制。如果你能做到这点，就能掌握住自己的人生，反之，你的人生就无法掌握。

——安东尼·罗宾斯

俗话说："冲动是魔鬼。"和领导争执得面红耳赤，一气之下提出离职，等到自己再想回到公司时，为时已晚；和伴侣吵架，脱口而出"分手吧"，等自己情绪平复后，懊悔不已。情绪过后，回想起当初的行为，大多数人通常只有一个感觉——后悔，心里不停地自责："当时为什么要那么冲动？"所以，真正有智慧的人绝不会在情绪激动的时候做出重要的决定。

快乐、悲伤、愤怒、低落……情绪起伏乃人之常情，人皆有之。不少人视坏情绪如洪水猛兽。不高兴了，就要努力让自己高兴起来；生气了，会不断安抚内心的“生气小人”；焦虑了，就拼命告诉自己“不要焦虑”……如果我们不停地给自己灌“鸡汤”，很有可能遭到情绪的反噬；不停地告诉自己要高兴起来，很有可能会更加沮丧、低落；反复和自己说“不要生气”，也许下一秒你就会暴跳如雷。其实，负面情绪的出现并不是一件坏事。相反，它是你深度认识、掌控自己的开始。当你看到它，正视它，接纳它，你就会成为情绪的主人，阻止坏情绪进一步蔓延和传播。

思云怒气冲冲地跑进公司，打完卡一看，已经迟到了10分钟。她一屁股坐在了自己的工位上，越想越气。早上明明是对方的车先抢道，差点儿蹭到自己的车不说，还在红绿灯前故意慢行，挡自己的道。如果不是对方，自己肯定不会迟到。想起自己早上还要主持一个会议，她阴沉着脸进入会议室，听取部门员工的工作汇报。

看到思云的脸色不对，员工们都深深地吸了一口气，心里暗暗祈祷千万不要轮到自己上台作汇报。因为，上台作报告的员工很有可能成为思云的发泄对象。果不其然，第一位上台的员工因为作报告时声音太小，被思云大声训斥："没吃早饭吗？说话这么有气无力的。"在公司里，思云有个外号，叫作"炸药桶"，稍微一点儿不顺心就能让她暴跳如雷，下属自然就成了她"爆炸"后的受害者，她手下的员工也是换了一批又一批。刚才的工作汇报会议结束后，被训斥的实习生红着眼走回了自己的位置上。

思云不仅将情绪发泄在员工身上，丈夫和孩子也没能幸免。这天晚上回到家，思云的脑海中还萦绕着早晨上班的事。丈夫早已做好饭菜，等着思云回家吃。吃了两口，思云就劈头盖脸地质问丈夫："今天的菜怎么这么难吃？清汤白水，一点儿味道也没有。"看到儿子吃饭吃得满桌子都是，她又气不打一处来，大声训斥儿子："都和你说了多少遍，吃饭不要弄得到处都是，下次再这样就不要吃饭了！"儿子被思云突如其来的斥责吓坏了，哇哇直哭。听见儿子一阵一阵的哭声，思云异常烦躁，索性连饭也不吃径直回到房间。

第二天刚到公司，思云就被高层领导叫走了。原来，新来的实习生和另外一名老员工都递交了辞职信，辞职的理由都不约而同地写着“无法在一个暴躁的领导手下工作”。高层领导让思云回家反省反省，要么学会控制自己的情绪，要么离开公司。

回到家，思云站在书架前沉思了许久。其实，她早就觉察到了自己的情绪问题，甚至买了好几本情绪管理的书籍，只是自己一直抽不出时间学习。她把之前买的书都翻了出来，趁这个时间好好读读。对于书中提到的建议，她打算实践一番，找到最适合自己的控制情绪的方法。

当天晚上，儿子吃饭还是不小心弄撒了一点儿。她本想像以前那样朝孩子大吼，但此时脑海中浮现出一个技巧——“先转移注意力，平静后再处理问题”。于是，她深呼吸了3次，和丈夫聊起了最近刚上映的一部电影，说周末想和丈夫一起去看。聊着聊着，思云心中的那股气莫名地消失了。等吃完饭，她抱起儿子，告诉他该如何使用勺子才不会把米饭弄得到处都是。看到妻子的转变，丈夫有点儿不敢相信自己的眼睛。连思云自己也觉得诧异：原来，只要敢于尝试，坏情绪是能够被控制住的。

回到公司后，思云主动向部门员工道歉，承认自己之前容易被坏情绪牵着鼻子走。同时，她也向员工承诺：“今后不会再轻易动怒，更不会动不动就带着情绪工作。”

此后，每次坏情绪在心中生长的时候，思云总是能让理智占上风。就像她说的:“只要应对得当，负面情绪也没那么糟糕。”

你可能会好奇，情绪是如何失控的呢？答案是没有分散注意力。如果你一直在思考这种情绪的由来,沉浸在这种坏情绪里，就会无形中强化这种情绪的“价值”，进而引发一次次的情绪波动。就像思云，如果在进入公司后，她就停止回想上班途中发生的意外，把注意力投入工作中，负面情绪自然而然就会慢慢消失了。可是，她一直在反复回想、确认。结果，恼怒就像大火一样迅速蔓延。

这让我想起了马可·奥勒留曾经说过的一句话:“灵魂是由思想来染色的。”就像人的思想会被情绪占领一样，人的行为也会被情绪传染、控制。

不以物喜，不以己悲。敢于做情绪的掌控人，才能当好人生的掌舵人。

掌控情绪的小技巧

✦ 学会拥抱坏情绪

对于坏情绪，我们不要一味地否定和压抑它，而是要学着接纳和承认它。烦躁的时候，告诉自己:“是的，我此时心情很不好。”

生气的时候，轻声对自己说:“这件事换作谁都会生气，没事，我可以生气。”做情绪主人的第一步，就是看到坏情绪的存在。

✦ 转移注意力

当你觉察到自己的情绪快要喷涌而出时，一定要及时转移自己的注意力，可以试着建立一套处理情绪的方法。比如，悲伤时必看的几个搞笑短视频;愤怒时喜欢做的几个动作;低落时想要联系的几个人……当你建立了一个自己的情绪处理库，就能更加从容地与情绪和平相处。

✦ 轻视情绪的存在

前面我们说到,越是在意情绪,就越容易陷入“情绪陷阱”。如果你用一种“轻视”的态度来对待情绪，反而能更加轻易地挣脱出来。比如，心中有负面情绪时，对负面情绪说一句:“哦，你来了。接下来我可以自己处理，你可以离开了。”对情绪做一个告别。当你越轻视它，越忽略它，它就离你越远。

✦ 养成定期释放情绪的好习惯

这里说的释放情绪并不是指在情绪激烈的时候进行，而是指要在平常生活中关照自己的情绪。比如，偶尔找闺蜜吐槽，倒倒苦水;再比如，每周保持一定的运动频率，出出汗，释放压力，让自己的情绪跟着身体一起“动”起来。

人人都可拥有的机遇“魔法”

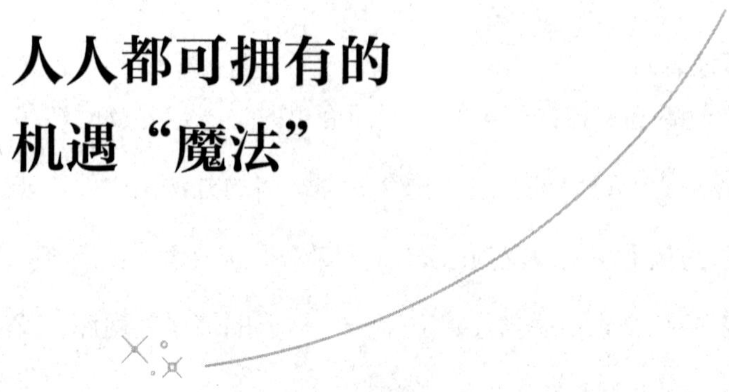

一个明智的人总是抓住机遇，把它变成美好的未来。

——托·富勒

机遇并非偶然，而是隐藏在每个人的思维习惯和日常行动当中。

斯坦福大学的蒂娜·齐莉格博士在一次 TED 演讲中提到了自己创造机遇的三条原则：

（1）改变你与自己的关系，去承担小小的风险，走出自己的舒适区；

（2）改善与他人的关系，对他人心怀感激之情；

（3）尝试打破思维定式，提出创新的解决思路。

你看，这三条原则是不是我们都可以通过自我训练培养出来？所以，请你一定要相信：你才是机遇的最大创造者！

若云总觉得自己是一个机遇极差的人。从小到大，学习、找工作之路都是一路坎坷，进了公司之后好像每个人都不喜欢自己，处处跟自己作对……总之，在她的字典里，“一帆风顺”这个词似乎从不存在。

上个月，公司进行了一年一度的晋升考核。若云想着自己已经在公司里干了五六年了，算是老员工，怎么也该轮到她了。前几年的晋升中，若云次次落选，在公司干了这么多年，依旧是个最基础的技术员。所以，这一次，若云准备得非常认真，自信满满。

谁知，结果出来后，她傻眼了，名单上还是没有自己的名字。她内心非常不甘，却再一次把自己晋升失败归结于“没那个机遇”。看到若云一连好几天闷闷不乐，工作没动力，领导把若云叫到了办公室。

“你知道为什么你这次还是没能晋升吗？”

“可能是我机遇不好吧！”

“你知道你身上最大的弱点是什么吗？”

若云摇摇头。

“你在与人沟通上有些欠缺，有时候说话的语气太冲了，容易得罪人。正所谓‘说者无意，听者有心’。这方面你还是要再提升一下。”

之前，朋友和她说过类似的问题，她从没放在心上。现在，领导直接说出自己这么多年来无法晋升的原因，若云这才开始反思自己的沟通方式。

想起自己与父母聊天的时候，明明心里是关心父母，想让父母别太担心，说出口时却变成了“我的事我自己管，不用你们操心”；明明是关心刚刚失业的朋友，自己却脱口而出“你不努力提升自己当然会被辞退了”。

若云还想起，有一次同事请教自己。对于帮助同事这件事，自己一直都非常乐意。可是同事听到的却是“这么简单的也不会？我就教你一次，记住了”。

渐渐地，她身边的朋友越来越少，和父母的关系也越来越疏远，工作也越来越不顺。

“想要争取下次的晋升名额，你要先学会如何正确地与人沟通和交流。”领导语重心长地对若云说。

此时此刻，她才深刻意识到与人沟通的重要性。痛定思痛，她决定报一门沟通学的课程，改变自己与他人的关系。同时，她还注重学以致用，在生活和工作中刻意训练。比如，每次沟通前，她总是会嘱咐自己：要先倾听，不要急着下结论；要多站在对方的角度去思考，要共情对方的处境；语气要柔和，要先肯定对方的感受，不要立刻反驳……慢慢地，她摸索出一套独特的交流技巧。同事们都惊叹若云的改变，若云和父母的关系也渐渐改善。

半年后，若云成了公司的“大红人”。因为若云的工作经验丰富，又喜欢分享自己的心得体会，很多新员工都爱向她请教。原先大家都躲着她，现在大家都围着她。

有一天，她接到领导的通知，让她到临近城市的分公司担任部门主管。她终于迎来了梦寐以求的升职加薪。在分公司担任主管的过程中，她兜兜转转遇到了自己大学时喜欢的男生。

若云的机遇，真的来了！

在我看来，将意外因素转化为有利结果，具备“将不确定变为确定”“将意外变成有利”的能力，我们就拥有了创造机遇的神奇“魔法”。

所以，与其说机遇是等出来的，不如说是创造出来的。愿我们都能成为自己的机遇“创造者”！

如何创造自己的机遇？

✦ 敢于直面自己的缺点和不足

每改进一个缺点，每前进一步，我们就会成为更好的自己。当我们把缺点和不足看作自己潜力的一部分并勇于创新和突破时，相当于为未来种下了一颗“机遇”的种子。总有一天，它会长成参天大树。

✦ 把积极的语言挂在嘴边

我们需要建立一套更积极的词语体系，多说“没关系”“还有机会”“下次会更好”等积极的词语。要知道，这类正向的自我暗示会给我们带来信心和勇气。

✦ 始终保持感恩之心

想要与他人建立良好的情感链接，懂得感恩必不可少。一旦我们拥有了感恩之心，就会散发出一种与众不同的能量，吸引别人前来帮忙，助我们成就更大的事业。所以，从现在开始培养自己的感恩之心，感激现在所拥有的一切，感谢别人给予的帮助……

✦ 做一个阳光爱笑的人

当你成为一个充满正能量，积极向上的人时，你身边就会自然而然地围绕着一群和你相似的人。这就是人们常说的“吸引力原则”。而且，积极的能量与机遇是息息相关的。我们身上的正能量越大，机遇就越多。

多笑一笑，常常感恩，保持和善，相信你会拥有人人羡慕的机遇！

第二章 / 职场博弈

※Chapter Two

小胜靠算，
中胜是有德，
大胜是有道

厚积优势，走向成功

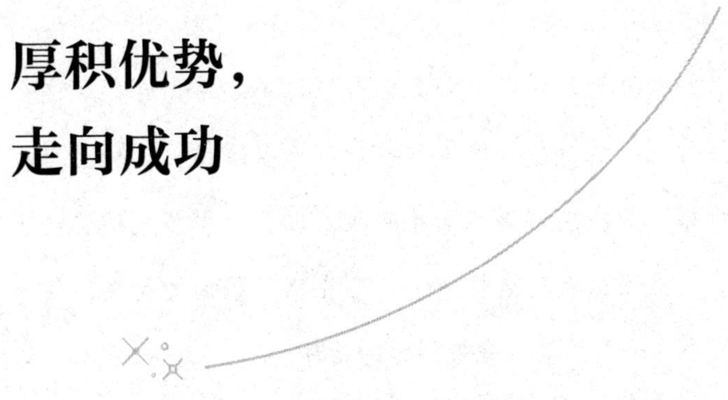

博观而约取，厚积而薄发。

——苏轼

当我们不再关心自身所处的地位，不再在意周围人的目光，而是将重心放在自己身上，发掘自己的核心竞争力，沉心静气积蓄优势力量，静待时机，方能一飞冲天，惊艳众人。

俗话说："机会是留给有准备的人的。"而准备就是我们不断提升和积累的内在优势。只有我们自身的能量足够大，实力足够强，才有可能逆袭成功，拥抱奇迹。

用“小透明”来形容王心真是再合适不过了。为什么这么说呢？因为王心的外貌、能力和打扮都普普通通，再加上安静内敛的性格，放在人群里丝毫不起眼，以至于很多人都忽视了她的存在。然而，就是这样一个“存在感”很弱的女孩，却一跃成为公司的公关总监身旁最得力的助理。

有人说王心之所以能快速高升，完全是“机遇好”。可谁又知道这是王心付出多少努力换来的。本来，王心觉得做个“小透明”挺好的。每天认真完成分内的工作，按时上下班，日子过得既逍遥又自在。对于她心态的转变，要从一场部门会议说起。

有次开会，总监询问大家关于某产品的营销策划方案。王心小心翼翼地说出了自己的想法，总监听后，象征性地点了点头，然后又询问王心的直属领导。谁知，王心的直属领导提出的方案和她的很相似。总监思索一阵后，竟然肯定了这个方案，并让王心的直属领导散会后按照会上所说的做一版详细的策划方案。散会后，王心将自己的方案与领导的方案反复对比，发现领导的方案在活动的执行方面确实更细致、全面。王心认识到了自己的不足，但她也转念一想：那我的优势在哪儿呢？王心坚信，每个人都有自己的优势，只是可能还未发掘出来。

之后的每一天，王心不再准点下班，而是在下班后主动留下来帮助直属领导和其他同事完成工作，甚至主动在直属领导那里“认领”工作。渐渐地，她发现自己在前期调研和市场分析上特别有天赋。

发现了自己的天赋还不够，还需要不断为天赋注入成长的养分。她开始拿起有关市场分析的专业书籍认真研读。周末是难得的休息日，王心却用来上课。她在家附近的职场培训班报了一门市场调研分析的课程。通过学习课程，从市场调查方法到实施方案，从分析模型的建立到报告的撰写，王心的能力越来越强，专业知识都谙熟于心。经过几个月的系统培训，她比之前更加专业，做出来的分析报告堪称公司里的最佳范本。

有人说：“人生没有白走的路，每一步都算数。”与王心的能力一同提升的还有她在公司的存在感。她的直属领导多次主动在总监面前夸奖王心：“她的分析能力特别强，好几个方案都是在她正确的分析下完成的。”之后，多次部门开会，总监总是主动提出“王心往前坐坐”。遇到部门重大决策时，总监也会询问王心的意见。在公司级别的重大会议上，同样少不了王心的身影。要知道，以前，这是王心想都不敢想的“美梦”啊！

王心再也不是公司里的“小透明”了，她成了公司领导最器重的员工之一。

王心就是通过找到自己的最佳优势，然后倾尽全力地培养它，提升它，让它促使自己成为不可替代的人。

常常听很多人无奈地说:“成功太难。”其实，所谓的“太难”,无非就是没找到最适合自己的路径。比如,有的人擅长艺术，创意思维特别活跃，却想在强调逻辑思维的领域突破，这无疑是“难于上青天”。这时，我们并不是要放弃这件事，而是要调整方向。

所以，找到最适合自己的突破口至关重要。这就需要我们对自己的能力足够了解，能清晰地看到自己的短板和长处。比起弥补短板，我们更应该做的是充分发挥自己的强项，突出自己的亮点，让自己的优势逐渐长成一棵参天大树，让他人无法企及，难以超越。

成功的小技巧

✦ 学会用活“催化剂”

这个“催化剂”可能是我们平时受到的委屈、不公，还有可能是我们遭遇到的挫折和打击……这些事件看似不起眼，却能激发出我们“绝地反击”的勇气和决心，成为最大推动力。

✦ 反思自身的优势和劣势

我的优势是什么？是分析能力特别强？还是思维特别活跃？抑或是动手能力更为突出？通过不断地反思和比较，找到自己的最强之处。也许，你会说：“我没什么优势，什么都差不多。”那么，不妨在这些差不多的能力中，选取一个自己最想提升、最感兴趣的，将其当成自己的优势来培养。

✦ 保持终身学习的思维

想要让自己的优势始终在众人之上，就需要养成终身学习的思维。在知识爆炸的时代，只有不断地学习才能让我们的优势保持鲜活的力量，创造出永不枯竭的资本。

职场“优势策略”

三种足以改变命运的人生选择：一种是角色最终明白他们永远无法重头来过；第二种是角色原本以为还有退路，直到最后才发现已走到尽头；第三种是角色认为自己没有第二条路可走，事后才发现，最初以为没有办法改变的事其实本可以改变，可是却为时已晚。

——威尔·施瓦尔贝

通过职场生活，我们逐渐对自己的人生方向有了更为明晰的定位，在提升个人能力的同时，也收获了满满的价值感和成就感。

“优势策略”属于职场上应用比较广泛的一种策略。这种策略的主旨在于：协调双方或者多方利益诉求，最终让每一个参与者减少个人损失，最好各有所得。

刘姐是一家互联网公司的老员工，最近正考虑离职。安蓝是刘姐一手培养的员工，对她十分不舍，悄悄问刘姐的想法。

刘姐说："我不会选择主动突然离职，那样不仅无法拿到赔偿金，而且不能很好地交接的话，公司也会非常被动，还会落下话柄；但会找个由头与老板商谈离职方案，并要求给予足够的离职交接时间，或许就能把双方的损失降到最低。这就是'优势策略'，能让每一个参与者都得到较好的结果。"

经过长时间商谈，最后公司决定给予刘姐经济补偿，刘姐需在工作交接完成后离职。这样一来，无论是老板还是员工，都在一定程度内得到了自己想要的结果。虽然不一定是最优结果，却让双方将各自的损失降到最低程度。所谓博弈，就是在寻求一个共同的利益平衡点，并且在平衡之中各取所需。

在交接工作的时候，刘姐特意嘱咐安蓝："你如果想在职场占据有利位置，获得更多发展空间，就必须有策略，还要掌握更多筹码，如过硬的业务能力、丰富的行业资源，这些都需要积累起来。"

“刘姐，你说的那些策略，我完全不懂啊。”安蓝有些着急地说。

“没关系，策略的制定离不开丰富的经验。况且，策略是为了解决当下的问题，没有哪种策略可以解决所有问题。但是策略思维，你必须有。”

《孙子兵法》有言：“知己知彼，百战不殆。”制定策略的前提是充分地了解对方，同时也了解自己。比如，在职场上，对方是什么情况，自己有什么价值，对方想要的结果是什么，自己握有哪些筹码，这些都可以作为制定策略时的参考依据。

我们在面对职场上的问题时，可以通过权衡利弊来选出一项最优策略。而所谓的“优势策略”不是让好处都归于一人，而是双方或多方参与者都能得到一定的好处。因为只有每个参与者都能得到自己想要的那部分，协议才能达成。

所以，我们如果想要得到自己的那份利益，就要先让别人意识到，跟我们达成协议，他们也是有利可得的，这便是“优势策略”得以实现的心理基础。

写给面临被职场淘汰的女性的博弈建议

✦ 练就独特优势，成为团队中不可替代的人

在职场中，要努力让自己成为团队中不可替代的那个人。而要成为这样的人，就要具备过硬的职业技能以及丰富的人脉资源。你要以此为工作的目标方向，并且学会随时增加自己手中的“砝码”，因为，“新人”也会随着时间的推移成为“旧人”。要想在职场中不轻易被淘汰，就要持续提升自己。

✦ 双赢原则，讲究谈判技巧

在明确知道自己将被裁员的情况下，不要着急，更不要发牢骚、抱怨，说一些不利公司、领导的话，要沉着冷静，找到自己可以谈判的条件，本着双赢的原则跟领导巧妙沟通，理智的领导大多会接纳这个结果。

女性参与职场博弈的经典策略

改变“思维方式”，人生将发生 180 度转变。

——稻盛和夫

现在越来越多的女性在面对偏见、歧视时选择用实力说话，在经济方面追求独立自主，在互惠合作方面展现出大格局。

然而，也有一些用人单位在对待女性员工时会更加苛刻。比如，同一岗位，女性员工的薪水待遇低于男性员工；一旦女性员工生育子女就很有可能失去工作岗位；女性在升职加薪方面也更容易遇到困境。

那么，职场女性在与用人单位的博弈中，怎样才能做到“稳赢”呢？最重要的就是要培养起自己的策略思维。

1. 借力用力

《荀子·劝学》有言：“君子生非异也，善假于物也。”这句话点出善于利用身边力量、整合周围资源的重要性。

在竞争激烈的职场环境中，有一种高超的策略是利用现有条件与资源，实施“借势而行”“借力用力”。这意味着你要敏锐地识别并利用外部环境中的有利因素，以较小的投入，实现较大的效益。通过这样的方式，不仅能有效应对各种挑战，还能在竞争中占据上风。

在广告行业的激烈竞争中，某广告公司的客户经理丁芳，遭遇了来自竞争对手王冬的强大压力，同时也被上司告知，公司认为她年龄偏大，无法承担压力过重的职位，有意将她调离原先的岗位。

面对这样的境地，丁芳没有选择硬碰硬，而是采取了更为巧妙的策略。

她积极调动自己权限之内的资源，将创意团队与市场分析部门的智慧凝聚成强大的创新力量，共同策划出一个颇有创意的广告提案。

并且，她还巧妙地利用行业生态中的微妙关系，与一家跟王冬存在竞争关系的公司携手，共同推出一项极具吸引力的合作优惠方案。这家公司一向以良好的服务体验在业内享有盛名。

这一策略不仅展现了丁芳对市场的深刻理解与敏锐洞察，让她在竞争激烈的客户竞标中实现了逆转，成功击败了王冬，赢得了客户的青睐，也让她在上司面前展现出自己的强大实力，暂时避免因年龄而被“优化”。

2. 向前展望，倒后推理

“向前展望”指的是我们需要先确定自己希望达成的目标；“倒后推理”指的是我们从达到最终目标需要完成的事情逐步倒后推理，直到找出自己现在应该去做哪些事情，才能保证以后可以达到既定目标。以最终结局作为思考起点，在进行倒后推理的过程中制定策略，这便是终局思维。

就像在下围棋的时候，棋手必须进行预判，揣摩对手的意图，从而倒后推理，再决定自己的每一步棋应该怎么走。

当职场女性面对用人单位的不合理行为时，应该先清楚自己的最终诉求是什么，比如，是升职加薪，还是学习技能、积累经验以充实履历。首先明确目标或诉求，再从自身利益最大化的角度出发去制订计划。

3. 均衡策略

著名数学家、博弈论创始人约翰·纳什描述过一种特定的策略状态，在这种状态下，每位参与者所选择的策略会形成一个稳固的组合。

这意味着在其他人的策略不变的前提下，没有任何一位参与者能够仅通过单方面改变自己的策略，而获得额外的利益或优势。

在职场中，团队合作是常态。但是，如何确保团队成员既能各展所长，又能公平分配成果，避免“搭便车”的现象发生？这时候就需要运用“均衡思维”进行考量。

对于公司而言，应该通过设计合理的激励机制和考核机制，让每个成员都意识到自己的最佳策略是积极参与、贡献价值。只有这样，整个团队才能取得最优成果，进而带动个人收益的最大化。

对于员工来说，在项目资源分配的关键时刻，通常力求在贡献与回报之间找到最佳平衡点，以实现个人投入与回报之间的平衡。

这时候，如果公司只是狠抓考核机制，而在员工福利及工作激励方面只会说空话，没有实际行动，那么员工就会以懈怠的心态面对工作，这意味着整个团队都难以取得最优成果。

但如果公司适当放宽考核机制，优先给予员工福利与激励，那么员工很有可能选择正视付出与回报之间的关系，从而在一定程度上提升整体的工作成果。

我们在职场上做决策时，往往习惯于从最有利于自己的角度进行思考。但是，对方也会这样做。因为追求自己的利益是人之常情。但是在均衡策略中，每个人的行为，应该是针对其他人行为的最佳对策。

4. 重复博弈

不知你是否有这样的体会：旅游区附近的饭店做出来的饭菜又贵又难吃。那么这些饭店会进行改善吗？很显然，它们并不会改善。因为这些商家做的就是“一锤子生意”，根本不求有“回头客”，而是靠着旅游的人流量来实现盈利。

这种只顾眼前利益的行为，就叫作“一次性博弈”，它不会产生合作。只有在重复博弈中，才有产生合作的可能性。在这种博弈中，参与者考虑的是更为长久的利益。就像开在小区附近的饭店往往味道好、价格低，因为商家要吸引住户，并且指望住户的持续消费来实现盈利。这种就是“重复博弈”的典型事例。

一个理智的职场女性不会频繁跳槽，也不会选择那种“一锤子生意”，因为这样的短期获利无法支撑她在职场上有更多进步。所以，她会考虑跟合作方建立长期关系并培养双方之间的信任。

如果一个职场女性在合作之初为了个人利益损害对方的利益，那么对方就极有可能终止合作，或者在接下来的合作中展开报复。这样一来，她既损人也不利己。正是因为有共同利益以及长久利益的牵扯，所以每一个参与者往往会做出有益于双方的决策。

假如单位里存在一些不利于就业者的情况，这时候我们就要冷静分析，这种情况是否有改善的机会，这种情况对自身利益的损害会到什么程度，这种情况又是谁造成的。真正具有长远战略眼光的女性，通常是先分析问题，再思考解决途径，而不是因为自己利益受损便怒气冲冲地掀桌子走人。

在不同的情况下，我们需要制定不同的策略，采取不同的方法，并且还要做好充分的心理准备。因为每一次制定的策略不一定都能发挥作用，而解决职场问题从来都不是一劳永逸的。博弈的根本核心在于抓住对方的弱点或适当满足对方的需求，又或给予反击。

写给职场女性的博弈建议

博弈思维是我们为实现某一目标而进行的策略思考，而博弈的结果就是在几方之间找到一个平衡点。

用人单位与职场女性之间的矛盾会始终存在，而且矛盾的重心会随时变化。这就需要我们灵活地分析矛盾，并且采取多种博弈思维方法解决矛盾。

当能力撑不起梦想时，你需要学习

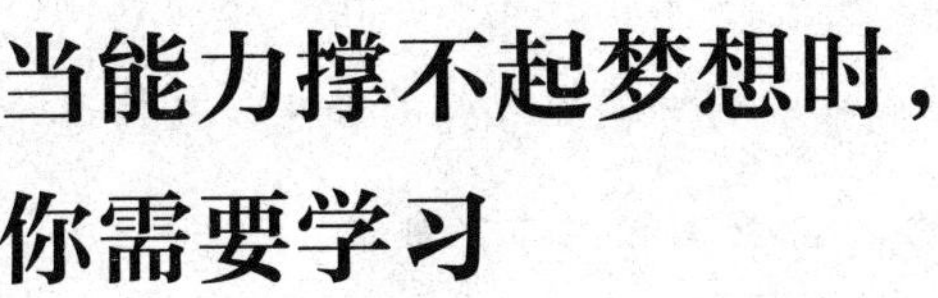

人的一切痛苦，本质上都是对自己无能的愤怒。

——王小波

要实现心中的梦想，唯一的方法就是努力地向下扎根。根扎得越深，汲取的养分就越多；根扎得越稳，才能不惧风雨，傲然挺立。

只要我们不放弃纵向深入，向上生长就会成为“必然”之势。拥有充足的养分，理想之花必定绚丽绽放。

在大学时，刘洋就梦想着成为一名生物工程专家。然而，大学毕业已经快4年了，她感觉到自己离曾经的梦想越来越远。

毕业后，刘洋与大多数同学一样选择了就业。她进入了一家制药公司，从最基础的技术人员做起。眼看着一同进来的同事不是升入管理层，就是获得公司外派深造的机会，只有自己仍是一个小小的技术人员。每年的考核季，刘洋都会满怀希望地对自己说："这一次升职的一定是我。"然而，每次她都大失所望，今年也不例外。

下班后的刘洋失落不已地回到家，她想起了自己高中时的"豪情壮志"。读高一时，刘洋就对生物技术产生了浓厚的兴趣。在报高考志愿时，她义无反顾地选择了生物工程专业。毕业后，刘洋进入了这家制药公司。这一路她似乎都朝着自己既定的方向前进。但不知从何时起，"专家梦"在她的脑海里却越来越模糊。"我真的努力了吗？"刘洋突然小声地问自己。刘洋想到自己每天的生活：上班时间按部就班地工作，下班后和朋友约饭或在家追追剧，刷刷短视频，有时看得起劲还会熬夜。

刘洋意识到，自己似乎只满足于安逸的现状，有想成为"专家”的梦想，却没有在行动中付出相应的努力。了解到自己的问题后，刘洋发誓要用自己的努力铺就一条通往梦想的路。考虑到生物工程专业的科研属性较强，刘洋决定报考国内一流高校的生物工程专业研究生。

可是，刘洋已经毕业工作4年多，想要再次拾起课本，重新进入学习的状态，谈何容易。但刘洋并未因此退缩，她心里知道，只有自己迈出这一步，才会离梦想更近一步。

白天认真上班，晚上辛勤备考，这成了刘洋生活的常态。除了在考研科目上下功夫，她还拓展学习更多专业知识，包括最新的前沿生物技术、国内外的相关研究成果……在学习过程中，那种久违的充实感再次充盈着刘洋的内心。

一年后，刘洋以总分第一的优异成绩，进入了自己理想中的学校。在学校里，刘洋肯吃苦、爱探究、敢创新的精神得到导师的认可。硕士毕业后，她又考取了国内顶尖大学的博士。

6年后，刘洋博士毕业，她被之前的公司高薪聘请为“首席研究员”，全权负责公司的研发工作。在自己的就任仪式上，她慷慨激昂地发表演讲：“梦想，不是浮躁，而是沉淀和积累，只有拼出来的美丽，没有等出来的辉煌，机会永远是留给最渴望的那个人，学会与内心深处的你对话，问问自己，想要怎样的人生，静心学习，耐心沉淀。作家莫言曾经说过‘当你的才华还撑不起你的野心的时候，你就应该静下心来学习；当你的能力还驾驭不了你的目标的时候，你就应该沉下心来历练’，这段话，我送给自己，也送给在场的各位，愿共勉！”现场响起了雷鸣般的掌声。

每前进一步,刘洋都能听见梦想在心中开花的声音。她坚信，自己离生物工程专家的梦想越来越近了。

用能力浇灌梦想的成长，用梦想指引能力前进的方向。终有一天，你会长成理想中的模样。

如何让能力与梦想相匹配？

✦ 拒绝焦虑情绪

当我们的能力撑不起自己的梦想时，很容易陷入焦虑、紧张的情绪中。越是焦虑不安，我们就越难以静下心来培养自己的能力；越是紧张慌乱，我们就离心中的理想之地越远。

不焦虑，是朝梦想前进的重要前提。

✦ **学会拆解梦想**

一个远大的梦想往往是由无数个小的目标组成的。此时，我们不妨对梦想进行拆分，将其变成一个个“跳一跳”就能实现的小目标。每实现一个小目标，就能让我们离梦想近一点，更近一点。

✦ **持之以恒地保持学习劲头**

学习，从来都不是一蹴而就的。能力的培养亦是如此。为自己制定一个长久的、系统的学习规划，可以让我们的能力稳中有升，逐渐缩短能力与梦想之间的距离。

职场无性别，实力最重要

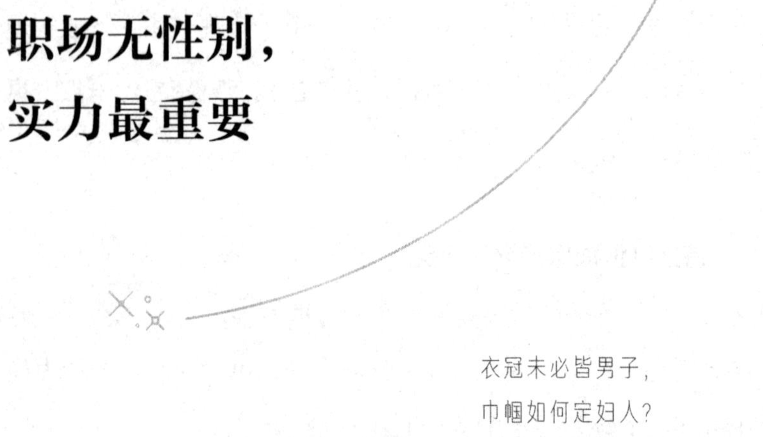

衣冠未必皆男子，
巾帼如何定妇人？
——《醒世恒言》

职场是超越性别的。当你的专业、沉稳、理智、果敢和包容成功获得对方的青睐时，你才能让对方真正折服。真正有智慧的女性不会将眼光置于自身之外，而是不断修炼自己的内核，提升内在修养，增强专业知识，丰富心灵世界。你一定能感受到：内在的征服会更强大、更持久。

很多人都不理解小雪为什么非要选择这样一份工作。1米6的个头，90斤的体重，在一大群男性中显得格格不入。小雪在大学里学的是土木工程专业，这就意味着她毕业后很长一段时间都要和工地打交道。

很多人都认为小雪这样一个瘦弱的女生可能无法胜任这份比较艰苦的工作，但小雪心想：女孩子怎么了？在学校里，我不仅成绩拔尖，自己的设计作品还获得了大学生建筑创意大赛二等奖。我要用实力证明自己！

从此，运动鞋、牛仔裤、T恤成了小雪日常工作的标配。为了让自己显得干净利索，她索性将自己留了3年的长发剪成齐肩发。连公司的总工程师见了，也忍不住惊叹道："小雪变得不一样了！"

为了能更快地融入工地的工作氛围，小雪在午休时间主动加入男同事们的聊天中，虚心请教各种问题。晚上，她不再像以前那样一到家就拿着手机刷视频、看小说，而是为考取注册建筑师资格证而认真学习。注册建筑师资格证在公司是极其稀缺的证书，尤其是一级注册建筑师更是凤毛麟角。对于这个资格证，小雪志在必得。于是，小雪提前一年做准备，从最基础的知识开始慢慢复习和积累。

早上在工地积累实践经验，中午与同事们恶补现场知识，晚上认真备考，小雪的一整天过得忙碌又充实。

一年以后，小雪成功取得二级注册建筑师资格证。她计划在3年内取得一级注册建筑师证书。同时，她也从助理建筑工程师顺利晋升为建筑工程师，独立负责施工项目。对于她的升职，公司所有员工都心服口服。同期的男同事都忍不住竖起大拇指："小雪真的是强得可怕！"

小雪用自己的努力和实力让所有人心悦诚服。如今，独当一面的小雪再也不会被别人看作"柔弱的女生"，也不会被人怀疑她是走后门进来的。因为，只要是与小雪共事过的人，无一不称赞她专业性强、能力出众、沉稳大气、从容不迫。

要知道，当所有人对你的赞誉超越了性别的界限，就意味着你的实力已经得到认可。这才是让你在职场上披荆斩棘的终极武器！

实力，永远都是每个女人最该培养的职场竞争力。

如何做到职场中无性别？

✦ 跳出女性思维圈

进入职场，千万不要抱着“我是女性，应该……”的想法，一定要摆脱性别的条条框框，对自己说：“既然我能成功应聘这个岗位，就意味着我有能力做到。”为自己鼓劲儿，并踏实工作，让所有人都看到自己完全能胜任这份工作，打消其他人的疑虑。

✦ 不断自我修炼，自我提升

专业能力、技术水平、为人处世、应对危机的能力……这些都是我们在职场上的“必修技能”。只有我们的内在实力强大了，别人才会从心底钦佩、崇拜并追随我们。

✦ 培养沉稳大气、处乱不惊的气场

职场中最忌举止轻浮，慌慌张张。遇事要做到不慌不忙，不卑不亢。这样，才能给大家留下一个良好的印象，得到大家的信任。

用谦逊和实力搭建事业基石

谦受益，满招损。

——《尚书·大禹谟》

有人总以为，社交就是不断地向外、向上拓展。换句话说，就是自己结交的朋友越多，认识的成功人士越多，就越有面子，越有利于事业的发展。实际上，真正的社交并不在于你认识了多少人，而在于有多少人认识你，愿意和你做朋友。这取决于你的实力与价值。

这种价值，既可以是专业价值，如你在某个专业领域独到高深的见解，也可以是链接价值，如你作为社交网络的核心点，为他人打通社交渠道。无论何种价值，都需要你沉下心来，谦虚学习，从提升自己的实力开始。

当你足够优秀，此时的你就像一束光，吸引着别人。他们奔向你，欣赏你，仰慕你，这才是成就你事业的基石。

媛媛的朋友圈里总有一些让人“眼前一亮”的信息。别人经常看到她在朋友圈里晒一些照片，不是和某位公司高管合影，就是参加了某某会议。跟朋友聚会时，媛媛也侃侃而谈，诉说着自己的“战绩”。总之,她给大家留下的印象是“认识很多大咖，人脉非常广”。

在一次朋友聚会上，媛媛的朋友特意过来找她，说自己有一个项目想要跟XX公司合作，问媛媛是否认识该公司的总经理，能否帮忙牵线搭桥，对于朋友的请求，媛媛一脸骄傲地说：“当然没问题了，包在我身上！”

可是，一连过去十几天，媛媛还没消息。朋友开始坐不住了，项目马上就要进入谈判阶段，而她到现在连XX公司总经理的面还没见着。而媛媛那边呢？她的确主动联系了XX公司的总经理。但是，要么是对方不回信息，要么是前台官方式地回复："总经理在忙，等他忙完了我会把您的信息转达给他。"媛媛心里纳闷儿极了，上个月明明还与那位总经理一起参加过会议呢，怎么现在就像不认识自己一样呢？

其实，这种情况并不是第一次发生。媛媛的朋友圈看似非常华丽，实际上真正与她保持联系的人非常少。她深深地叹了一口气："认识这么多人有什么用，他们好像压根儿都不记得我。"

媛媛渐渐意识到：或许我认识谁并不重要，重要的是谁认识我，谁认可我。她决定不再将生活的重心放在结识朋友上，而是放在打造个人能力、提升个人价值上，成为一个真正有实力、有价值的人。

为此，媛媛刻意减少应酬时间，除了每天必要的工作和应酬，她将大部分的时间和精力都放在自我价值的提升上。考虑到自己的业务能力还有待提升，她专门整理出了自己在专业上的薄弱环节，虚心向公司里的专家请教。她还特意报了很多门专业课程，提升自己的专业水平。意识到自己在情绪控制方面有所欠缺，她为自己制订了情绪管理学习计划。在待人接物上，她根据自己的实际情况，向前辈讨教，汲取经验，逐步提升。

每个人都惊叹媛媛的变化。以前，她的朋友圈里全是合影；现在,她的朋友圈全是个人的感悟。以前,她聊天的话题不是“昨天和XX总一起吃饭”，就是“我刚加了XX经理的微信”；现在，她与同事、朋友交流的主题都变成了工作上的感悟，或者是最近的学习心得。以前，她被别人夸奖时容易飘飘然，好大喜功；现在，她每取得一点进步，都会认真复盘，总结经验和不足。

令媛媛感到意外的是，当她不再热衷于炫耀自己时，认识她的人反而变多了。优秀出众的专业能力，再加上沉稳谦逊的性格，使她得到了同行的一致认可，在业界声名鹊起。很多公司甚至主动抛出橄榄枝，希望她能跳槽到自己公司。提起媛媛的名字，很多人赞不绝口。

这也许就是“花若盛开，蝴蝶自来”吧。不断积蓄力量，成为一朵自内而外盛开的鲜花，花香四溢之际，便是满园蝴蝶飞舞之时。

在职场上，我们与其费尽心思不断延伸我们的社交半径，不如将重心放在自己的实力与价值提升上。当我们身上的闪光点越多，实力越强，我们的事业自然会蒸蒸日上。

所以,我们结识了多厉害的人并不是有能力的象征。相反，沉下心来，向内生长，努力提升自己的实力和价值，才能成为别人心中无可替代的存在。

亲爱的女性朋友们，请潜心提升自己吧！只有这样，你渴望已久的成功才会触手可及。

如何提升实力，实现事业蒸蒸日上？

✦ 学习新知识、新技能

新知识、新技能往往能帮助我们打开社交新局面的大门。所以，无论多忙，请每年给自己制订一个新计划。在这一年里，我们要学习何种新知识，开启何种新技能。当我们掌握的知识和技能的种类越多时，我们在与人交往时就越从容，越自信。

✦ 不断强化自己的优势

不断向内自观，发现自己的优势。此时，我们需要反复问自己："我的优势在哪里？我最擅长什么？在哪方面我有过人之处？"找到自己的长处是第一步，第二步则需要我们通过多方面的学习和训练，不断强化它，肯定它，让它成为我们最独特的价值。

✦ 提升自己的综合实力

能力、谈吐、修养、内涵……这些隐性的价值都值得我们向外展示。我们不仅要在专业知识上持续提升，还要在为人处世、情绪管理、道德修养等多个维度进行全方位地拔高。

✦ 保持积极向上的心态

心态也是自身价值的重要体现。一个始终相信自己，不惧失败，保持乐观的人，才会拥有持续向上的动力。

小成就需要朋友，大成就需要对手

真正的对手会灌输给你大量的勇气。

——卡夫卡

在职场上，我们总容易陷入一个怪圈——“亲”朋友，“远”对手。很多人下意识地认为：朋友能陪伴我们，帮助我们，为我们雪中送炭。而对手呢？只会制造挑战，增加难度，成为我们前行路上的绊脚石。可是，你想过没有，真正能让我们快速成长的，正是这些“对手”。

他人之所以能成为我们的对手，很可能是因为他身上具备某些我们难以超越的优势，直击我们最薄弱的地方。他让我们看到自己的弱点、短板与不足。当我们鼓起勇气与对手博弈、周旋，并汲取对方的经验与长处时，就是我们获得进步最好的机会。

也许，朋友能让我们感受到情谊的珍贵、事业的喜悦。然而，强大的对手却能激发我们的内在潜力，让我们一次又一次突破极限，攀上事业高峰。可以说，想要成就一番大事业，就一定不能恐惧对手的存在。

如果你的身边出现了强劲的竞争对手，那么，恭喜你，即将走向更广阔的天地！

如果不是田莉的出现，可欣也不会知道自己竟然“隐藏”着如此大的潜力，还能升到海外分公司负责人的位置。

可欣所在的公司即将组建海外市场拓展部，而可欣不仅拥有英语专业八级的证书，还有6年的市场开拓经验。可以说，她是海外市场拓展部负责人的最佳人选。

谁知，一个叫田莉的人出现了。田莉是公司重金聘请来的部门负责人，全权负责公司海外拓展部的组建和海外市场的开发与运营。对这个职位志在必得的可欣不明白自己哪点配不上这个职位?

当时，可欣有两个选择:一是留在原先的国内市场拓展部继续工作，二是到田莉负责的海外市场拓展部工作。周围的同事都劝她:“还是留在原来的岗位上比较好。毕竟你曾经和田莉是竞争对手，如今要到田莉手下工作，多没面子。”

但可欣并不这么想。说到外语能力，自己与田莉不相上下，都是英语专业八级的水平;说到市场拓展的能力，自己与田莉相比算是旗鼓相当。可欣想知道自己究竟“差”在哪里。

于是，可欣主动成为田莉负责的海外市场拓展部的一员。在与田莉共事的过程中，可欣清楚地看到自己和田莉之间的差距。原来，田莉非常熟悉各国的法律法规以及进口国的税收、优惠等政策。可以说，公司用高薪聘请田莉，看重的就是她这方面的能力。相比之下，自己则对国外的政策法规了解得并不透彻。

看到了自己的不足，可欣决定奋力追赶。她托国外朋友收集了很多关于当地政策和法律的资料，并把自己所有的空闲时间都放在了翻译、研究这些资料上。不仅如此，她还对比分析了国外同类型产品的市场发展现状，做出了数十个国家的拓展战略报告。同时，她还委托朋友收集一些国内竞争品牌的出口现状，进行横向和纵向的比较。

可欣的付出让她有了很大的成长。她的专业能力不断提升，以往不熟悉的业务现在也能得心应手。总裁也看到了可欣的进步，忍不住称赞她："默默努力，厚积薄发，惊艳众人。"

后来，可欣接替了田莉的位置，成为公司海外市场拓展部的负责人，并且亲自带领团队到欧洲成立的第一家海外分公司工作。她终于站上了自己渴望已久的高位。回想起以前的种种，她第一个感谢的人就是田莉。如果不是田莉的出现，她还一直沉浸于"自己很优秀"的光环中，丝毫意识不到自己仍有很多的不足，看不到自己仍有进步的空间。

可欣在自己的就职演讲上对自己曾经的"对手"毫不吝啬地称赞道:"我的每一个进步,都是田总(田莉)给的,感谢田总！"

对手的出现有时的确会让我们心灰意冷、倍感受挫，甚至心生绝望……我们可能会因此感到害怕、恐惧、想逃避，这是人之常情。但是，我们更要学会的是克服对手带来的负面影响，看到对手带给我们的积极向上的一面，明白对手的存在会对我们有哪些帮助。

对手的出现，或许可以让我们意识到"天外有天，人外有人”。其实，“我并没有自己想象的那么优秀”“我的能力仍存在‘空白地带’”“我仍有很大的提升空间”“我能够超越现在的自己”“我绝不会被任何困难击垮”……当我们觉察到自己的不足时，便拥有了前进的力量，身体里隐藏已久的能量就会被唤醒，就像可欣一样。

与滔天巨浪搏击后的水手，才能获得征服大海的神奇力量；与强劲对手过招儿后的我们，才能练就一身披荆斩棘、百折不挠的本领。

如何利用“对手”成就事业？

✦ 改变思想，从害怕对手变成重视对手

如果我们始终对对手心怀恐惧，就很难借助对手的力量让自己快速成长。相反，如果我们从心底重视对手的存在，就能为从根本上改变并加速我们的成长积蓄力量。

✦ 学习对手的长处

我们要主动从对手身上汲取精华，弥补自身的不足，在与对手的博弈中激发自己的潜能。看到对方优势的同时，也是补齐自身短板的最好时机。向对手学习，是一种胸怀，一种勇气，更是一种能力！

✦ 将对手的长处内化为自己的优势

我们不能光学习对手强大的一面，还要学会举一反三，融会贯通，结合自己的实际情况消化和吸收。只有内化于心，才能外化于形，真正超越对手，让自己“青出于蓝而胜于蓝”。

心中有目标，眼里有方向，脚下必然更有力量！

提升控局力，不要一出场就出局

知不足，然后能自反也；知困，然后能自强也。

——《礼记》

控局力并不是指单一的控场能力，而是个人能力全方位的体现。丰富的知识储备、良好的个人修养、深厚的经验阅历、卓越的表达能力、从容不迫的处事风格……这些都是培养自身控局力必不可少的基石。

林涵突然接到总裁指派的“任务”——陪同公司副总参加一场行业聚会。林涵所在的公司是当地的科技企业巨头，而自己刚被提拔为公司的公关经理，这次聚会自然要参加。然而，她是第一次参加如此高规格的聚会，说不紧张是假的。总裁看出了林涵的焦灼不安，安慰她说：“放宽心，跟着赵总（副总）就行了。”既然领导都发话了，那就用平常心对待吧，林涵想。

谁知，在聚会当天，林涵穿着上班时的职业装就去参加了。与她一同到达会场的赵总看到林涵的着装，忍不住皱了皱眉头。反观赵总的装扮，头发轻轻挽起，搭配一套精致的职业连衣裙，显得既端庄又美丽。

赵总拉着林涵来到她的车里，把自己的一套备用连衣裙给林涵：“参加聚会时，我总是会多备一套衣服，生怕不小心弄脏了身上穿的衣服。没想到今天倒派上用场了。”林涵换好衣服后，人顿时变得不一样了。赵总点点头，拉着林涵快步往聚会现场走去。

她们刚步入会场不久，聚会就正式开始了。赵总带着林涵，穿梭于人群之中，向林涵介绍到场的来宾。此时，她才真正领悟到“气场”二字的含义。哪怕对方的职位远远高于自己，赵总也能自信满满，从容不迫地介绍公司的核心竞争力，同时，为对方引荐林涵。

然而，就在一切看起来非常顺利的时候，一位同行公司的项目经理随口问了林涵一句:“你们公司去年爆出了一则质量丑闻吧，现在质量提上去了吗？”林涵一听，慌了。出席聚会前，公司总裁千叮咛万嘱咐，“千万别聊去年的事”。没想到对方主动提起,林涵一下子蒙了,脑海中一片空白,支支吾吾说不出话。看到林涵僵在原地，满脸煞白，赵总连忙赶来救场。只见赵总神态自若，向对方阐述了那则“质量丑闻”的经过，以及公司针对质量问题做的最新的部署。听完赵总的解释后，对方一改之前严肃的表情，哈哈大笑起来:“没想到那件事还能成为你们公司发起革新的契机。不错不错，期待你们的新产品。”整场聚会下来，赵总自然地成为全场的“焦点”。无论对方抛出多难堪、多刁钻的问题，她都能轻松“接住”，只言片语间就化解了尴尬处境。

聚会结束后，林涵回到家，她顾不上洗漱，就立刻打电话给赵总，向她取经。因为，她也想像赵总一样，成为全场最受瞩目的人。

通完电话后，林涵细细品味赵总的话，她才知道，赵总提前为这次聚会做了这么多的准备和努力。接到总裁的通知后，赵总第一时间与主办方联系，询问参加此次聚会的人员名单。拿到名单后，赵总开始动用自己的人脉关系，提前了解各位参会人员的喜好。比如，李总监不喜欢听客套话，一定要和他聊公司实打实的业绩和产品；王经理喜欢翻“旧账”，一定要清楚地了解公司近几年出现的危机事件，以及应对的方案……在聚会上让林涵陷入困境的就是王经理。整理完出席人员的喜好后，还要根据聚会的性质选择合适的着装和妆容。对于这种大型的行业聚会，穿着上，赵总一般会选择低调又精致的职业裙装；在妆容上，她选择了素雅的淡妆。至于遇事不慌的处事心态，不是一两天就能养成的，要经过长时间的磨炼和总结。林涵忍不住惊叹：看似一场简单的聚会，里面竟然蕴含着这么多的学问！

一想到自己今后有可能还会面临这样的场合，林涵决定尝试突破。平时的会议、宴请等小场合就是自己积累经验和提升阅历最好的机会。主动反思，认真复盘，让每一条血泪教训都成为自己最宝贵的经验。

一年后，林涵再次与赵总一同出席行业的重要会议。相比一年前的林涵，此时的她简直可以用蝶变来形容，举手投足间处处散发着迷人的魅力。在诸多重量级的领导面前，林涵谈笑自若，无论对方的问题多犀利，她都沉着冷静地给予回答。

生活中总会有很多不可控的因素，让我们六神无主，不知所措，从而导致满盘皆输。控局力强的人往往能扭转困局，打开事情发展的新局面。

值得注意的是，控局力的养成并非一日之功，而是需要我们长期不懈地坚持，一点一滴地积累，一步一个脚印地提升。控局力最考验人的地方在于它是一个人综合素质的体现。我们的业务能力和专业技能只是其中的一个方面。此外，为人处世的技巧，知识面的深度和广度，应对压力时的状态，个人的形象、仪态、品位等，都是衡量我们控局力的重要指标。

如何提升控局力？

✦ 培养大局观

大局观也就是全局思维。在重要场合，我们需要对场合中可能出现的人、事、物做全方位的事前准备。我们准备得越全面，掌控力就越强，场面失控的可能性就越小。

✦ 培养忧患意识

古人有云：“居安思危，思则有备，有备无患。”这一句话道出了忧患意识的重要性。任何事情都有可能出现意外，我们需要提前在脑海里按下“忧患意识”的开关，为可能出现的突发状况做好准备。总之，忧患意识越强，控局能力也会随之水涨船高。

✦ 全面提升自身综合素质

之前我们反复强调，控局力是一个人综合能力的体现。这就要求我们不仅要专注于提高专业能力，还要在其他能力上做延伸和拓展。平时，我们要多关注各种各样的知识，上至天文地理，下至情绪管理、待人接物、礼仪文化，等等。它们都有可能成为我们打开控局力大门的钥匙。

第三章 ✲Chapter Three
家庭关系处理

构建和谐家庭关系，
让每个角色都合格

亲情与利益的平衡

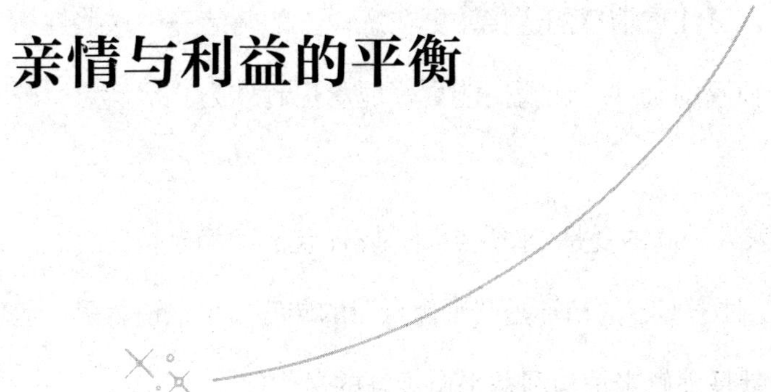

骨肉之间，多一分浑厚，便多留一分天性，是非上不必太明。

——黄宗羲

在中国式家庭里，每个人都不可避免地遇到同一类难题——亲情和利益之间该如何平衡。

我认为，不是在亲情和利益里二选一，而是在亲情和利益之间找到一个巧妙的“平衡点”。这个“平衡点”的最大作用就是在家庭成员间发生利益冲突时，形成一股强大的力量，促使大家都能继续保持其乐融融、一片和谐的家庭氛围。

女性天生具备成为“平衡点”的优势。比起男性，我们更为感性，更注重情感的连接，更在意他人的情绪……这些性格上得天独厚的条件，让我们能更好地承担起作为“平衡点”的重任。

对家人满满的爱是“平衡点”的基石；包容的胸襟是“平衡点”的支柱；甘于奉献的精神是“平衡点”的砖石。可以说，爱、包容、奉献是破解亲情与利益平衡难题的最优解。

思巧家里有兄妹三人，她排行老二，上有哥哥，下有妹妹。一同长大的兄妹三人，感情自然非比寻常。在外人眼中，他们之间的亲情似乎比其他家庭里的兄妹情更加深厚一些。

然而，就是这样人人称赞的三兄妹，却在长大后迎来了人生中最大的一次亲情危机。此次危机的导火索就是他们的父亲生病住院了。思巧兄妹三人的事业发展各不相同。思巧的哥哥在美国留学，毕业后选择了留在国外工作，一年难得回家一趟。思巧的妹妹是当地一家外资企业的高管，平时忙得几乎连回家看望父母的时间都没有。而思巧呢，她则是当地食品厂里的一名普通会计。论起三兄妹陪伴父母的时间，当然要数思巧最多。

她基本上每周都要回父母家，有时候索性陪父母住上几天。

这次父亲生病住院，忙前忙后照顾父亲的也是思巧。思巧的妹妹，也只是父亲住院当天来看了一次，然后就急着赶到外地出差了。至于哥哥呢，说是暂时没有探亲假，只是在视频上询问了几次父亲的病情。既要忙于工作，又要奔波于医院，思巧的心里难免有些不是滋味，她不止一次向母亲抱怨："大哥和小妹都是你们的孩子，凭什么就只有我一个人每天来照顾。难道就只有他们工作忙，我不忙吗？难道就只有他们工作累，我不累吗？"听到思巧的抱怨，母亲也不知如何是好，只能默默地安慰疲惫的思巧。殊不知，在地球的另一端，哥哥正在到处联系专业、靠谱的护工，打算出一份力照顾住院的父亲，也能让母亲和思巧多休息。两天后，思巧哥哥联系的护工就到了医院，大大减轻了思巧照顾父亲的压力。同时，哥哥也给思巧转了一笔钱，作为这段时间的开销。

一周后，妹妹从外地出差回来，第一时间到医院看望父亲。她拉着思巧的手说："姐，这段时间辛苦你了。我知道我和大哥平时工作太忙了，顾不上照顾父亲，就只能先辛苦你。这样吧，这次父亲的住院费我出了。你不是最近刚买了新房吗？还要装修，都是一笔不小的开支。"思巧一听，急了。之前说好父亲住院的费用三兄妹平摊的，怎么能只让小妹一个人出钱呢。妹妹似乎知道她要说什么，连忙说："这些钱都比不上你照顾父母辛苦。放心，你的付出，我和大哥都看在眼里，记在心里。"听到妹妹的一番话，思巧顿时红了眼眶。

经过父亲住院这件事后，思巧三兄妹的感情更胜从前。此时，思巧才深刻意识到：在一个家庭里，衡量家庭成员的付出，不是只有一种衡量标准。付出时间和付出金钱同样重要。能陪伴的人多付出时间陪伴，有能力的人多付出金钱支撑整个家，两者同样重要，缺一不可。

原来，比起斤斤计较得失，爱与包容才应该是一个家庭的主旋律。思巧庆幸的是，自己明白得不算太晚。

有时候，一些利益纠纷会轻易把几十年的亲情摧毁。越是这样，我们就越要在心中种下三颗种子：一颗是"爱的种子"，时刻提醒我们"只有付出爱，才能换来幸福"；一颗是"包容的种子"，用宽广的胸襟，广阔的格局，为自己、为亲人搭建一座通往温暖、美好的桥梁；一颗是"奉献"的种子，用无私的奉献化解大家庭里的利益争端，缓解冲突和矛盾。

请你一定要相信：当"爱""包容""奉献"充盈全身时，曾经让你左右为难的亲情和利益之间的选择，自然就会迎刃而解。

亲情与利益之间的平衡小技巧

✦ 转变思路，换个角度看问题

亲情和利益只能二选一吗？要知道，亲情和利益之间并不是非黑即白的关系。我们可以从中找到一个“平衡点”，让彼此实现利益和亲情双赢。如何找到这个“平衡点”呢？这就需要双方坐在一起共同协商。有时候，各让一步才能共进一步。

✦ 多回忆彼此间深厚的情谊

亲人之间总有割舍不掉的深情。在利益面前，我们不妨多想想与对方共处的亲密瞬间。大伯曾把我当作亲闺女一样疼爱；哥哥一直是我最坚强的依靠；妹妹经常把自己最爱的糖果分享给我……当情感的力量大于利益的诱惑时，我们才会做出更明智的抉择。

✦ 增强自身的力量

眼界更宽了、能力更大了、格局更高了，我们才不会被眼前的利益束缚，更不会深陷于“亲情与利益冲突”的泥潭中，才能站在更宽广的维度上，将人生的重心放在不断提升自身的能力上。

当我们走得越远，见得越多，对感情、金钱有了更加全面、深刻的认识，亲情与利益之间的冲突便会一去不复返。

家庭关系中，不必论输赢

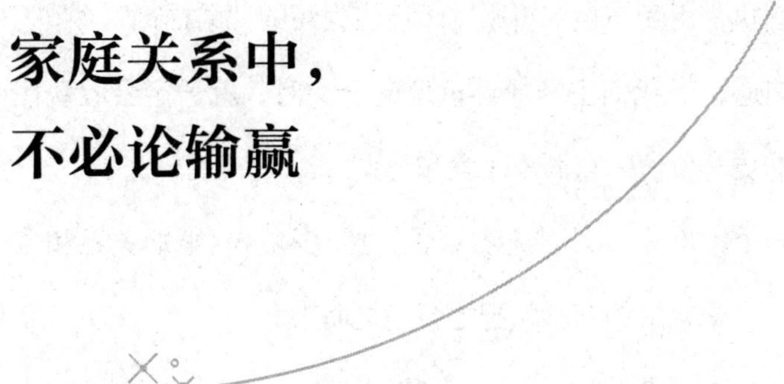

家庭不单是身体的住所，也是心灵的寄托处。

——赫尔曼·黑塞

人们常说：“家，是个讲爱的地方，不是个讲理的地方。”然而，有不少人却背道而驰，非要在家里争个是非黑白，你对我错。试问自己，我们占了理，赢了争吵，却和丈夫、父母、公婆、孩子之间的关系越来越远，输了爱情和亲情。这样，真的值得吗？

每个人的成长方式、思维模式、立场观点都不尽相同。生活在同一个屋檐下，争执和冲突是不可避免的。那么，怎样才能让我们的感情越吵越好，越吵越融洽呢？这就需要我们放下自己的固执，用爱与包容将家庭矛盾化为爱的“助推剂”。

要知道，当我们主动放弃讲理的念头时，就一定会收获比评论是非更有价值的东西——爱和尊重。

在一个家庭里，只有充盈着爱，拥有和谐的婚姻关系和家庭关系，其乐融融的家庭氛围才会随之而来。

雨洁怎么也想不到，自己只不过和哥哥争辩了几句，好端端的一顿饭局竟然不欢而散。元宵节当天，雨洁和家人约好聚在一起吃饭闹元宵。一下班，雨洁就赶紧拉着丈夫往家里赶。等他们赶到的时候，一大家子人都聚在一起，好不热闹。

饭桌上，大家推杯换盏，其乐融融。突然，哥哥说了一句“这螃蟹不好吃”。雨洁一听，不乐意了。螃蟹是她托人好不容易才买到的，哥哥竟然说不好吃？

雨洁大声质问哥哥：“你什么意思？不懂就不要吃。螃蟹的精华在蟹黄，而不是蟹肉。你如果想吃肉多的螃蟹，就自己去买。”

雨洁的反驳让哥哥十分生气。最后，这顿饭局只好匆匆结束。

这并不是雨洁第一次与家人起争执。从小到大，雨洁是出了名的“争强好胜”。婚后，她和丈夫的争吵也时有发生。

雨洁和丈夫的争吵围绕的都是一些琐碎的家庭小事。在丈夫的眼中，每次都是雨洁“有理”，每次都必须听她的。久而久之，丈夫也懒得和雨洁争，直接摆摆手说：“行行行，你怎么说都是对的。”然而，雨洁却没有意识到她和丈夫之间的感情正在发生变化。

最直接的表现就是丈夫的话变少了。以前，丈夫和雨洁最喜欢边吃边聊。而如今，雨洁和丈夫在餐桌上的对话绝不会超过三句。有时候，两人一天都说不上一句话。

看着丈夫越来越冷淡，雨洁特别窝火。一天，雨洁冲到丈夫面前，大声质问他：“你最近到底怎么了？”丈夫被雨洁的质问彻底激怒了，大声问她：“你觉得你每天都跟我纠结一些小问题，有必要吗？我们为什么非要在这些小事上‘针锋相对’呢？”丈夫一股脑儿地将心里的愤怒都发泄了出来。

雨洁愣住了，她设想过很多原因，却独独没有想到，自己的“好胜心”竟然成了婚姻里的“拦路虎”。

雨洁冷静下来，细细回想和丈夫相处时自己的表现，其实丈夫说得对。在婚姻里，很多事情并不需要分出谁对谁错，很多问题也都是一些小问题，并不那么重要，没必要太过计较。

一想到这里，雨洁就释然了。此时，她才深刻意识到：亲密关系永远比输赢更重要。

不知不觉,雨洁和丈夫又恢复了往昔的甜蜜。在家庭小事上，她会和丈夫多商量，听听丈夫的建议。

不仅丈夫感受到雨洁的变化，连雨洁的妈妈、哥哥也发现了她的转变。又是一年一度的中秋家宴，雨洁拎着大包小包来到娘家。哥哥看着雨洁拿进来的橙子，嘟囔起来："这个牌子的橙子，我们家前两天才买了一箱，感觉味道一般般，下次可以换个牌子试试。"雨洁听了，不但不生气，反而立马坐在哥哥身边说："是吗？我还真没尝过，就是看它长得好看。不然一会儿吃完饭，咱们去超市给爸妈再选一些好吃的水果吧。"雨洁说完，两人相视一笑。

万万没想到，幸福竟然是如此简单。与其和对方争个面红耳赤，你输我赢，不如用爱和温柔包容对方。我们越善于用爱，感情自然就会越来越好。

有的时候，争强好胜并不是一件坏事，它是我们积极向上、勇往直前的象征。然而，这股好胜心在家庭中却并不一定适用。因为，在家庭里，我们的语言和行动并不是为了赢过谁，打败谁，而是为了整个家庭关系的长久、温馨、幸福。在家庭关系中，最忌讳的就是“不服输”。

古人有云：“千里之堤，溃于蚁穴。”有时候，恰恰是家庭里鸡毛蒜皮的小事，让我们与最亲的人渐行渐远，亲情大厦轰然倒塌。在家庭里摒弃“凡事论输赢”的想法，在小事上不争输赢，后退一步；在大事上有商有量，换位思考，我们期待已久的和谐美满、举案齐眉、花好月圆就会接踵而至。

包容、理解、尊重、有爱……这才是一个家庭应有的主旋律。

与家人的相处之道

✦ 学会“存异”

懂得求同存异是一种大智慧。在家庭里，求同容易，存异却是最考验人的。观念、理念、思维不同，必定会引发矛盾与冲突。此时，包容对方的想法就显得格外重要。换位思考，将心比心，推己及人，你会发现家庭关系中处处是“小确幸”。

✦ 不要强加自己的原则和标准给对方

我们总是很容易抓住别人的错误，告诉对方“你必须怎样做”“你应该如何做”。然而，我们的方法常常会带有自己的思想底色，很有可能没有在乎对方是否愿意接受。所以，当我们忍不住想与对方讲道理，想强加自己的标准在对方身上时，不妨想想列夫·托尔斯泰的那句话:“你不是我，怎知我走过的路，心中的苦与乐！”

✦ 看到对方背后的需求

父母真的是想与我们吵架吗？伴侣真的是故意“怼”我们吗？孩子真的是存心和我们“对着干”吗？其实不然，我们只看到了他们表面上的行为,却忽视了行为背后真正的根源。也许，他们只是需要我们的爱、理解、陪伴、宽容……找到隐藏在关系背后最深层次的需求，才是我们与亲人的相处之道。

智慧的女人，不会忘记爱自己

自爱者才能爱人，富裕者才能馈赠。给人以生命欢乐的人，必是自己充满生命欢乐的人。一个不爱自己的人，既不会是一个可爱的人，也不可能真正爱别人。

——周国平

你有多久没有好好关照自己的内心了？你有多久没有好好爱自己了？你是父母眼中孝顺的好女儿，是领导眼中干练的女强人，是丈夫眼中尽职尽责的好妻子，也是孩子眼中慈祥有爱的好母亲……你有很多身份，肩负着多种责任。但现在，我只想让你回归一种身份，承担一种责任，那就是好好爱自己。

无论你身在何处，无论你做出什么选择，请都不要忘记关爱自己，取悦自己，用自己喜欢的方式过好这一生。即使不会轰轰烈烈，也可以在平淡的生活中开出令人愉悦的花朵，散发出令人炫目的光彩。

李妍揉了揉疲惫的肩膀，走出了公司的大门。她多想早点儿回家窝在床上，好好地休息一会儿。但也只是想想，因为孩子还在幼儿园没接，她不得不急忙赶去幼儿园。儿子早已泪眼婆娑地等着她。李妍看到儿子一脸委屈的表情，心不由得抽痛了一下。接完孩子，李妍急忙赶到超市买菜。等她和孩子吃完晚饭，时间不知不觉就到了9点。

这样的生活，还要持续多久……李妍不止一次想要逃离这样的生活：上班、照顾孩子、做家务。她的生活重心似乎只有这三件事。最爱的瑜伽，她已经好久没有练习了；最近新上了几部好看的电影，她好想约着朋友一起看；床头边放着的几本书，上面布满了灰尘……

可是，当她看着儿子稚嫩的脸庞，再想到丈夫最近正忙着晋升考试，她使劲地摇了摇头，想把脑海中那些不切实际的想法拼命甩出去。

“再坚持坚持吧”，李妍暗暗给自己鼓劲儿。

直到有一天，李妍突然发现自己患上了睡眠障碍。不是简单的睡得晚，睡得差，而是整夜不眠。一连好几天都没睡过觉，李妍不仅在工作上提不起精神，经常做错数据，还动不动朝儿子发脾气。意识到问题的严重性后，李妍向医生求助。医生推测:“可能是最近压力太大引起的，建议好好放松一下。”

“我也想放松，可是孩子怎么办？工作怎么办？”李妍喃喃自语道。朋友得知了她的现状后，特意给她支招儿:不妨请个保姆，只负责每天的晚饭和家务。这样一来，李妍接完孩子回家后就有热饭热菜吃，也不用着急忙慌地去菜市场买菜了。

“而且，你自己的兴趣爱好千万不能放弃。像你最喜欢的瑜伽，无论如何也要坚持练。”

“每天都要忙着照顾孩子，哪儿有时间练习。”

“听说最近有个亲子瑜伽课程，我看挺好的。你可以带着儿子一块儿练。”

李妍一听,这的确是个好办法。既能让自己重拾最爱的瑜伽，还可以陪伴儿子，顺便让他锻炼身体，一举三得。

她发现不仅可以和儿子一起练瑜伽，还可以一起看书。每天晚上，她拿起放在床头已久的书，儿子也捧着自己最爱的书翻翻看看。一大一小认真看书的模样，格外温馨。

几个月后，李妍惊奇地发现：之前看似“无药可治”的失眠竟然不药而愈了！不知从何时起，她已经能够正常入睡。也许，这就是重新找回自我的作用吧。

如今，李妍已经在工作与家庭之余，找到了让自己快乐的方式。此时此刻，她才真正意识到快乐是要靠自己寻找的。无论身处何种处境，只有自己足够爱自己，找到自己心中幸福的源泉，才会遇到更好的生活，才有能力爱别人。

真正的自爱，是一种根植于内心的自信。它时时刻刻提醒着我们：即便遇到再大的风浪，我们也有战胜的信心，并将这些风浪视为生命中无比珍贵的财富。顺境中，爱自己能让我们更加容易感受到幸福的滋味，随心所欲，自豪满满；逆境中，爱自己则能让我们学会苦中作乐，与糟糕的经历和解，进而成为一个更强大的自己。

无论你是职场精英，还是选择回归家庭；无论你是独自生活，还是与家人在一起；无论你是过上了渴望已久的生活，还是仍在困境中苦苦挣扎……我都希望你能拥有“爱自己”

的能力，时时刻刻以自己的感受为重，并发自内心地肯定自己，接纳自己，取悦自己。只有这样，我们才会在不经意间与幸福、快乐、幸运撞个满怀。

如何更好地爱自己

✦ 激活自我意识

重拾独立的精神和人格，是告别隐忍和牺牲的第一步。告诉自己：你活着，不是因为你是谁的女儿，谁的妻子，谁的母亲，谁的儿媳。你活着，只是因为你是你自己。你可以有自己的生活圈子，有自己喜欢的工作，有自己的兴趣爱好，有自己的朋友。

✦ 聆听内心的声音

无论你是全职妈妈，还是职场女性，现在，我只想让你把关注点放在自己的内心深处。此时此刻，你是快乐，还是委屈？是高兴，还是沮丧？是幸福，还是难过？不管如何，都试着把自己的内心记录下来，为它找到一个缓解的途径。

✦ 找到人生的 B 计划

如果实在是形势所迫，你暂时无法逃离现状。那么，也不要什么都不做。此时，我建议你为自己的人生做一个 B 计划。哪怕生活日复一日地重复，我们也要在枯燥中种下快乐的种子。

看清自己的生活现状，思考我们能做出什么样的改变。比如，我喜欢游泳，但是又抽不出时间，怎么办？你可以在一整天中找到那个可以让自己享受游泳的时段：如送完孩子后去超市买菜前，抑或饭后的一小时。也许，你只有半小时或一小时，但千万别小看这短暂的时间，它能让我们真正回归到自我状态。享受片刻的自在与幸福，未尝不是一件好事。

✦ 保持学习力

无论多忙，每天一定要给自己留出学习的时间和空间。一天、两天、三天……当你的视野逐渐拓宽，思维逐渐打开后，你会发现：仅仅靠隐忍和牺牲，换不来幸福的生活。

真正能让你快乐的是做自己！

以恶制恶，
并不能彻底化解矛盾

一味地勇猛精进，不见得就有造就；相反，在平淡中冷静思索，倒更能解决问题。

——王小波

生活中，矛盾无处不在。有的是思维间的碰撞，有的是利益间的冲突，有的是具体事件之间的对立。可以说，人的一生中会有无数个大大小小的矛盾。别看有些矛盾毫不起眼，它们往往蕴含着左右我们人生的力量，决定着我们与自己、与他人、与世界的关系。

面对矛盾，有些人选择逃避，拒绝面对；有些人选择反抗，与之针锋相对；有些人喜欢“以恶制恶”，以恶言相向……无论是变成“鸵鸟”，还是针尖对麦芒，都不是我们应对矛盾时最妥善的处理方法。一味地忽视矛盾的存在，只会让问题不断蔓延；而妄想以恶制恶，只会让处于矛盾中的人的关系走入不可调和的“死胡同”。

我们只有适时冷静，深挖原因，才能找出双赢的解决方案。当我们能正确处理每一个矛盾时，矛盾就不再是危机，而会成为人际关系里不可多得的契机。

有时候，想要重塑彼此的关系，可能只需要一个矛盾。

俗话说:“刀子嘴,豆腐心。”可是,与若琳相处过的人都知道,她说的话究竟有多尖锐。大家都喜欢用“机关枪”来形容若琳，指哪儿射哪儿。别人说她一句，她能回对方10句，常常把家里的关系弄得特别紧张。

有一次，若琳因为一件看电影的小事，与丈夫起了争执。若琳想看最近大火的一部动画片，丈夫偏要看浪漫喜剧片。两人在电影院门口因为看哪部电影而争执不休。

丈夫说她："都这么大的人了，就别跟小朋友一样看动画片了，看点儿有深度的行不行？"

若琳一听，心中燃起了一股无名的怒火，当即就反驳道："你才没深度。一把年纪了，还看什么浪漫喜剧，还当自己是20岁的年轻小伙子？想看里面的女主角就直说，说什么冠冕堂皇的'它不仅仅是一部爱情片，里面还有很深奥的婚姻之道'。"

"你就是喜欢看那些漂亮花瓶演的电影，要演技没演技，要情节没情节，光有一张脸，有什么值得看的。"

"你都是快40岁的人了，还整天看那些爱情片，怎么着？你是对我不满意吗？"

……

听到若琳像"机关枪"似的不停输出，丈夫一脸怒意。他怎么也想不到，自己只是随口说了一句"看点儿有深度的"，若琳竟然上升到了"对她不满意"。看着身边围观的人越来越多，丈夫扔下正在"口若悬河"的若琳，转身离开。

类似这样的情景，若琳家中每天都会上演。

丈夫每天回家的时间也越来越晚，不是说他要加班，就是说有应酬。两人每天见面的时间屈指可数。若琳不明所以，拉着闺蜜帮她分析"是不是丈夫出轨了"。闺蜜却将问题的核心指向了若琳:“你知道你最大的缺点是什么吗?就是总是喜欢长篇大论地说。有些时候,问题并不是这样处理的。你这种方式,谁也受不了。哪怕咱们有十几年的交情,我也有点儿受不了。”

若琳有点儿摸不着头脑,自己的方式有什么问题呀?经过闺蜜的一番指点,她才意识到:原来,自己一直在用“对抗”的方式处理问题。

若琳知道了症结所在。可是,她该如何调整呢?这种“对抗”的方式是若琳长期养成的习惯,已经成了条件反射。在闺蜜的建议下,若琳学到了:当与对方产生矛盾时,先学会闭嘴,让自己冷静下来。若琳与闺蜜在咖啡厅里不停练习。由闺蜜“制造矛盾”,她则练习如何抑制住想要开口反驳的冲动。经过多次的训练后,若琳终于能够有意识地控制住自己的嘴巴了。

从此,每天她都主动练习。无论是进公司前还是回家前,她都会先深呼吸,然后在心里默念:“闭嘴,闭嘴,闭嘴。不理会,不理会,不理会。”

这一天,丈夫提早回家。在若琳的印象中,丈夫已经很久没有回家吃晚饭了。刚坐下吃饭,丈夫就开始挑剔若琳做的菜,这个不好吃,那个没营养。看到丈夫边吃边指责,若琳强忍着怒火,暗暗对自己说:“冷静,冷静,冷静。”一顿饭下来,屋子里只回荡着丈夫不满的声音。等到若琳收拾完桌面，丈夫才意识到：今天的若琳竟然破天荒地没有与自己发生正面冲突。

等到休息时，若琳轻声问丈夫："是不是工作上遇到了困难？今晚的菜不都是你爱吃的吗？"丈夫没想到若琳会如此心平气和地和他聊起刚才的事。换做以前，若琳必定会和他大吵大闹，不争出个所以然来决不罢休。妻子的转变让他也瞬间变得温柔了起来。他和若琳吐槽了一下今天工作上遇到的烦心事。若琳安静地听着，时不时给丈夫说一些自己的见解。

这件事之后，丈夫对若琳的态度有了很大的改变。他不再频繁地到外面吃饭，也喜欢和妻子讨论一些工作上遇到的问题。

若琳和丈夫迎来了久违的甜蜜生活。两人曾经岌岌可危的夫妻关系，在双方的共同改变下回到了正轨。

矛盾是生活中无法避免的。既然无法躲避，与其用以恶制恶的方式反击，不如用更智慧、更平和的方式来面对。此时，我们不能把矛盾看作破坏人际关系的"元凶"，而是要把它当成促进彼此关系的"加速器"，是提升自我的绝佳机会。当我们对矛盾的认知改变后，应对矛盾的方式自然而然就有了根本的转变。

比起冲动、愤怒，冷静、理智更能让矛盾进入平缓的解决时期。在这个时期，双方都能理性地回到矛盾的本质，深挖矛盾的根源，发现矛盾的破解之道，进而将问题、争执、冲突变成机遇和转机。

如何有智慧地应对矛盾?

✦ 采取“冷处理”

冷处理并不是让我们回避与对方的矛盾，而是在矛盾最激烈的时候抑制心中的怒火，让矛盾的温度降下来。此时，我们可以转身离开，或忽视对方的挑衅。只要我们主动把矛盾进行降级处理，就能掌握解决冲突的主动权。

✦ 了解矛盾问题的本质

矛盾的背后往往隐藏着解决问题的途径。矛盾的出现是有原因的,有时是观念不同,有时是利益冲突,有时是沟通不畅……看清矛盾产生的根源，能让我们更容易找到解决矛盾的方案。

✦ 主动倾听对方的想法

想要顺利化干戈为玉帛，就不能一味地站在自己的立场思考问题。多问问对方的意见，多听听对方心中的想法，用换位思考的方式理解对方的立场和观点，可以为化解矛盾创造条件。

✦ 寻找双方利益共同点

如果双方只考虑自身利益，必然会造成矛盾的升级。此时，我们可以寻找一个中间点，确保双方的利益都能兼顾。用双方的退让和妥协换来两人关系的缓和，达到共赢。

经济独立，走向自信人生的第一步

没有经济独立，就没有人格独立；
没有人格独立，就没有思想独立。
——易中天

经济独立，不仅会给你的人生带来翻天覆地的变化，更是你一辈子的底气，足以让你活出更自信的人生。

给孩子交了兴趣班的培训费，丈夫刚给的4000元生活费眼看就要见底了。王悦正在犹豫要不要再向丈夫要点儿生活费。毕竟，距离下个月还有十多天。只靠几百块钱是无论如何也撑不到下个月的。

内心挣扎了一番，她决定在吃完饭后试着问问丈夫。晚饭过后，丈夫一如既往地躺在沙发上看电视，王悦忙完了厨房的活儿，侧身坐在丈夫身边，轻声地说道："今天刚给宁宁交了3200元的培训费，这个月的钱可能不太够……"她的话音未落，丈夫一边给她转账，一边不耐烦地说道："你是不在外面工作，不知道现在的钱有多难挣。以后该省的地方就省。"王悦唯唯诺诺地点头，不敢再多说一句，生怕惹得丈夫不高兴。

这样的日子，王悦已经默默忍受了4年。结婚前，王悦有一份不错的工作。虽然赚得不多，但足以应付自己的日常开销。刚结婚那会儿，她有一点儿积蓄，还给自己和丈夫的新家买了新的家具和家电。看着被自己一点点充实起来的小家，王悦心里别提有多开心了。

婚后一年，家里迎来了一名新成员。新生命的降生，有欢喜，也有忧愁。喜的是，她终于做妈妈了；愁的是，孩子谁来带。王悦问了一圈，公公婆婆在老家不愿意来，妈妈刚做完手术不能太过操劳。这下，连王悦的丈夫也发愁了。如果请保姆的话，这一大笔支出对这个小家庭来说似乎有点儿沉重了。最后，王悦和丈夫决定，自己辞职在家专心带孩子，丈夫在外打拼挣钱。

就这样，王悦一家开启了“男主外，女主内”的生活模式。刚开始，王悦沉浸在三口之家的幸福里，过得既快乐又满足。可是，随着孩子逐渐长大，生活的开支不断增加，王悦渐渐感觉到生活变味儿了。丈夫应酬的时间越来越长，回家的时间越来越晚。王悦知道丈夫一直在为这个家奔波。尤其是最近一年，丈夫公司效益不景气，她常常在深夜看到丈夫静静地坐在沙发上，对着一摞账单发呆。

看到丈夫如此，王悦心里又如何好受。她已经尽量节省家里的开支，所有的优先项都是孩子和丈夫。好几次，当她很想给自己买一套漂亮的裙装时，内心的矛盾就会浮现。一边是:“你已经很久没给自己买过衣服了，买一套吧，把自己打扮得漂亮一点儿。”另一边是:“自己都不挣钱，还好意思买那么贵的衣服吗？”纠结了许久之后，她都会对自己说:“等下次手头宽裕了再买吧。”

可是，何时才会真正的手头宽裕呢？一想到这里，王悦就感到很迷茫。这些年，她切身地感受到“手心向上”的痛苦，也深刻地体会到“没钱没底气”的悲哀。突然，她脑海里蹦出一个想法：有没有能早下班，不耽误接孩子放学的活儿？

王悦在小区的宝妈群里咨询，有没有“一手带娃，一手赚钱”这样两全其美的工作。一位宝妈回复说：“你来帮我吧。”原来，这位宝妈利用闲暇时间开了一家小小的蛋糕店，主打适合宝宝吃的小点心。有时候生意太好了，自己一个人忙不过来，就想着招一个人。询问了对方工作时间和内容后，王悦决定去试试。

得知了王悦的想法，丈夫也非常支持。每天早上，王悦送完孩子，她就到蛋糕店帮忙，有时候还学着做一些简单的糕点。下午到了放学的时间，她会把孩子接到店里。忙完了店里的活儿，她就带着女儿一块儿回家做晚饭。偶尔丈夫下班早，就由他去接女儿，先回家准备晚饭。

自从王悦有了工作，丈夫也轻快了不少，至少家里的日常开销没那么紧张了。而王悦呢，用工资为自己添置了新衣服、新鞋子。有时候，手头宽裕了，双方还会互送一些小礼物。两人的生活越过越好，感情也越来越好。

回想起之前的日子，王悦感慨万分：原来，靠自己，才能真正换来幸福。

也许你觉得，不用工作，还有人愿意给你钱花，愿意养你，这是多么的幸福呀！可是，你有没有想过，你的一生可能会因此被别人圈住，你的喜怒哀乐会因此被别人决定。如果对方突然破产或失业，你又该何去何从呢？

与其期待别人的“施舍”，把生活的希望寄托在别人身上，不如做自己的主人。当你真正经济独立后，你会从心底感到前所未有的自由、精彩、潇洒。

真心希望每一个女性，都能拥有自信和底气。

如何让自己走向财务独立？

✦ 保持“走出去”的心态

“我没有工作经验，别人不要我该怎么办？”“与社会脱节那么久，好担心和同事处不来。”……一定不要被这些负面想法束缚住你的脚步。请记住，无论情形有多难，一定要先行动起来，尝试让自己先迈出第一步。比如，在网上投递简历，问问身边的朋友有没有合适的工作，等等。

✦ 保持思想独立

也许，你在迈向经济独立的过程中会听到很多干扰的声音。有来自丈夫的：“在家不是挺好的吗，为什么非要出去工作呢？”

有来自长辈的:“你去上班了,谁来带孩子?”有来自朋友的:“你真是身在福中不知福,有人养你多好呀,非得到外面自讨苦吃!”

其实,这些外界的声音都不重要,重要的是你的想法和思考。当你坚定地朝自己的目标走去,你就会发现:经济独立会让你的人生越来越自信!

✦ 保持学习的心态

可能你当下还未能找到一份合适的工作或还没有办法实现经济独立,但是,请一定不要自暴自弃,要始终保持终身学习的心态。只有拓宽知识的广度和深度,我们才能发现更多机会,也更容易实现自我蜕变。

多一些信任与尊重，才能迎来配合与成长

爱情不是花荫下的甜言，不是桃花源中的蜜语，不是轻绵的眼泪，更不是死硬的强迫，爱情是建立在共同语言的基础上的。

——莎士比亚

爱一个人的表现是什么？是天天 24 小时黏在一起？是不停地靠近他，再靠近他？还是把他的一切都掌控在手中？要我说，这些都不是爱一个人的表现。爱，不是占有和掌控，而是信任与尊重。

正因为如此，我们常常会听到这样的话：“爱他，就要给他

足够的尊重。”那么，怎样才算给了对方足够的尊重呢？有一个很关键的衡量标准，那就是双方是否都能在这段关系里感到放松、自在、圆满和幸福。哪怕我们认为自己已经足够尊重对方，但是对方对这段关系感到紧张、窒息的话，就不是真正意义上的尊重。

真正的尊重往往源自我们的内心。只有我们的内在充盈、坚定、自信，拥有无限积极的能量，爱与尊重才会自然而然地流淌出来。内心无缺，方能在爱情里收放自如；内心无憾，才会在亲密关系中无所畏惧。

刚结婚那会儿，李芸就要求丈夫将手机密码告诉自己。丈夫起初并没有太反感，只是有点儿不适应。可是，自从丈夫换了一份工作后，李芸看着丈夫每天下班回家后依旧电话不断，总担心丈夫做了什么对不起自己的事。她基本上每天都要翻看丈夫的手机，问他在哪里，在干什么，什么时候回家……这些行为渐渐令丈夫感觉到了不适。

一天，丈夫拖着疲惫的身体回到家。他刚刚与客户应酬完，只想好好睡一觉，谁知道刚到家妻子就一脸不悦地说：“你不是跟我说就在附近吗？怎么现在才回来？是不是又去哪里瞎溜达了？”本来就累得够呛，再加上被妻子怀疑，丈夫顿时气得把公文包往地上一扔。

“你到底想干什么？每天这不信那不信的。”

被丈夫大声呵斥，李芸吓坏了。她以为第二天丈夫酒醒后一切就会恢复如常。但她醒来后，丈夫已经不在家里，打电话也无人接听，一股恐慌感从李芸心底蔓延到全身。随后，她接到丈夫发来的一条长信息。

“谢谢你这么多年来一直这么爱我。但是，这份爱对我来说实在是太过沉重了。你时时刻刻问我在干什么，在哪里，和谁在一起，你这样的爱，让我觉得自己一点儿隐私都没有，连最起码的尊重和信任都没有。”

李芸的伤心油然而生：“我这么爱他，难道错了吗？”

此时，她回想起和丈夫的种种过往。丈夫喜欢看谍战片，自己却更喜欢爱情片。每次去看电影时，似乎总是丈夫迁就自己。丈夫周末爱去钓鱼，自己受不了钓鱼的枯燥烦闷，常常“逼”他陪自己逛街……原来，丈夫才是那个深爱自己的人。相反，自己所谓的爱，竟然只是“我想要，我喜欢”而已，丝毫没有站在丈夫的角度去考虑。

为了挽回岌岌可危的婚姻，李芸决定从内改变，培养自己“爱的能力”。她不再每天把心思放在丈夫的行踪上，而是努力让自己忙碌起来，停止胡思乱想。在工作之余，她报名了女性提升课程，为自己充充电。她把丈夫的喜好一一列出，再对照自己的爱好。一起出去玩时，她会选取一项能兼顾两人爱好的活动。

当李芸专注于自己的内心建设，为自己赋能，不再把目光聚焦在丈夫身上时，不仅丈夫发现李芸变了，连李芸也感觉到自己不太一样了。以前，李芸会因为寻不到丈夫的行踪而焦虑一整天；现在，即便是丈夫说要出差，她也只会贴心地嘱咐一句“注意安全，早点儿回来”。以前，如果睡前不翻看丈夫的手机，李芸一定会彻夜难眠；现在，她睡前最喜欢和丈夫聊聊最近工作上的进展，分享她新学的知识，说着说着，两人就相拥而眠。

原来，当我们自己能量充沛的时候，才能更好地爱别人。不断向内审视、求索，让自己的内心变得丰盈、充实，爱的能力自然水到渠成。

在亲密关系中患得患失，是大多数女性最常遇到的“感情陷阱”。害怕对方离开、不再爱自己，就不自觉地把对方紧紧捆绑在自己身边。这会让原本幸福的关系变成束缚对方的枷锁，让对方不断地想要逃离。

此时，最好的破局之道就是让自己的内心丰盈、充实起来。用强大的内心力量为自己建造一个与众不同的精神城堡。在城堡里，我们自信、从容、满足，始终充满向上的活力和热情；我们不害怕分手，不恐惧孤独，因为我们始终坚信："有了你，我们会变得很好。没有你，我也能过得很好。"

当我们的内心被满满的正能量包围，满足又自洽时，爱自己、爱他人，再也不是一件困难的事。

如何让自己的内心更加丰盈充实？

✦ 摆脱陈旧的爱情思维

千万不要抱有"我爱他，他一定要在我身边""我这么爱他，他必须要同样这么爱我""爱就是要和他永远在一起"等类似的想法。如果一份感情掺杂着强迫、掌控、不尊重的成分，那么，这份爱就变味儿了。请记住，真正的爱是建立在相互尊重的基础之上的。没有尊重，爱无从谈起。所以，如果你爱他，就一定要尊重他。

✦ 常常内省和反思

我身上有什么不足？我有哪些需要改进的地方？我为什么

总是对他步步紧逼？经常观望内心，可以让我们避免陷入原先的爱情思维之中。

✦ 不断充实自己

知识、眼界、经验、体验、技能……这些都可以让我们拥有强大的内心。空闲之余，多在自己的身上下功夫。只要我们过得丰盈充实，心灵上的匮乏感自然就会不翼而飞，我们也无须再通过强求“爱”来填满这份空虚。

边界感既是你的围墙，也是你的武器

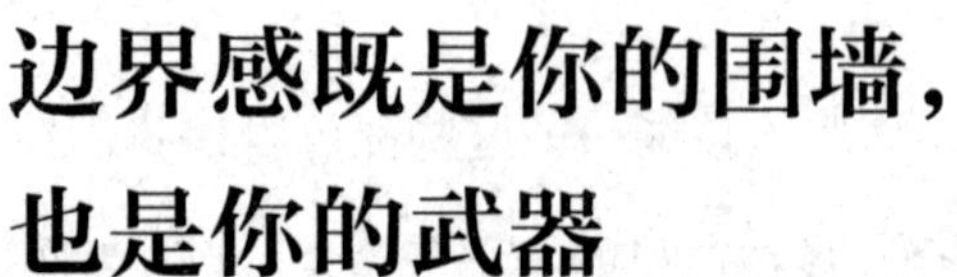

人类一切痛苦的根源，都源于缺乏边界感。

——尤里·邦达列夫

你知道吗？每个人心中都有一座独属于自己的秘密花园。在这座花园里，我们能轻易地感到幸福、温暖、安全、舒适、放松……可是，当外人入侵我们的花园时，我们就会感到愤怒、沮丧、低落、不安、痛苦……这座秘密花园，就是我们的边界感。

在心理学上，边界感又叫作个人空间边界，是指我们身体内部（身体、精神和思想）与外部环境之间的动态分界线。值得注意的是，边界感是动态的，并不是恒久不变的。比如，今天同事看了我的个人照片，我并不会感到自己的边界受到侵犯；但过了两天，同事无意间又翻了我的相册，我可能就会感到不舒服。

既然边界感是动态变化的，那我们用什么来衡量边界感呢？我教大家一个最简单的判断方法：以自己的感受为准。如果别人的行为让你感到恼怒、难过、悲伤、焦虑等，那么，别人的行为就是越过了我们的心理界限，失去了边界感。不难发现，边界感似乎成了控制我们情绪的开关。在边界以内，我们很快乐，很开心；在边界以外，我们很不舒服，很焦虑。

拥有边界感的人清楚地知道自己喜欢什么，讨厌什么；接受什么，拒绝什么；想要什么，不想要什么；该做什么，不该做什么，让自己与他人、世界保持着合理的距离。千万不要小看这个距离，它不仅能激发我们对人生的掌控欲和满足感，还能让我们更接近舒适、自由和幸福的状态。

虽然婚后把婆婆接过来一起住，宇欣却感到无比幸福。她暗暗庆幸自己遇到了通情达理、疼她爱她的一家人。然而，这种幸福感却随着丈夫姐姐美穗的到来消失得无影无踪。

美穗是个不婚主义者。经过多年的奋斗，现在的她活得既潇洒又自在。虽然美穗名下有三四套房产，她却特别喜欢到宇欣家住。美穗甚至还将宇欣家的次卧占为己有，美其名曰“让自己下班后也有一个舒服的地方”。就这样，原本的一家三口变成了一家四口。宇欣虽心有不满，可丈夫和婆婆没发话，她也只能接受，心想：“也许，她住几天就会腻了。”

然而，后面事情的发展却出乎宇欣的意料，她低估了美穗的入侵性。公公在壮年时离世，只留下婆婆一人拉扯着一双儿女长大。所以，美穗和丈夫的关系比寻常姐弟要更亲密一些。用婆婆的话来说，“我出去上班时，都是美穗在家照顾嘉和（丈夫）的”。

一天晚上，宇欣和丈夫正在自己房间里聊天，加班回到家的美穗手里拎着一个袋子，径直闯了进来。美穗将手中的袋子递到弟弟手中，说：“我看到这个牌子的衣服正在搞活动，感觉挺适合你的。”说完，美穗转身回到自己房间。宇欣本想和丈夫谈谈美穗的事情，可是她看丈夫脸上没有丝毫怒意，反而一脸平静，像是对这种行为习以为常。这天晚上，宇欣辗转反侧，心里像有块石头压着，难受得喘不上气。她决定找个机会和丈夫好好谈谈。

但这段时间，丈夫一直在忙换工作的事，宇欣想着等丈夫忙完这段时间再跟他开口。丈夫目前有两个心仪的工作可选：一个离家近，但薪资与原先的差不多；另一个离家较远，且经常出差，但薪资待遇比较好。正当丈夫和宇欣商量这件事时，一旁的美穗开口了："这还用想吗？当然选第二个啊，远点儿不就远点儿吗？家里还有宇欣呢！"这样一句看似随口说出的话，让宇欣感到很不舒服。宇欣认为这本应是她和丈夫二人考虑的事，而美穗不仅干涉，还忽略了她的感受。

宇欣接连两次的心理不适，都来自美穗对她生活的过度干涉。想要破解，宇欣必须向美穗清楚地表达自己的边界在哪里。比如，进入自己和丈夫的房间前，请敲门。再比如，希望美穗平时能有自己的生活，不要一直居住在弟弟家里。

宇欣与美穗沟通后，美穗笑着说："你不说，我以为你不在意呢。放心，以后我会尊重你的想法。"

之后，美穗仍旧会来弟弟家，但次数明显减少了，几乎都是在周末的时候来，而且来了也不再过夜。

亲人之间，情侣之间，夫妻之间，闺蜜之间……越是关系密切，就越要保持边界感。就像父母不能随意进入孩子的房间，情侣、夫妻间也不能随意翻看对方的手机，闺蜜间不能无话不谈一样。我们在尊重对方的隐私的同时，也保留了我们自己独立的空间和足够的自由。

一旦建立了边界感，我们才能在尊重、独立、幸福、自由中获得平衡。

如何建立边界感？

✦ 明确自己的感受

道理、规矩、习惯都不如自己的感受来得重要。在建立边界感时，一定要以自己的感受作为判断标准。如果对方的行为举动、措辞语气引发了我们内心的负面情绪，那么，对方就越过了我们的心理边界。也就是说，我们只有明确自己的感受，才能看到自己的边界究竟在哪里。

✦ 表达自己的边界

我们可以用严肃的口吻，明确告诉对方我们的感受。比如，“不能接受什么”“不喜欢什么”“不愿意做什么”。此时，千万不要怕对方会因此疏远我们。如果因为你开诚布公的说明改变了对方对你的印象或态度,那么,你或许需要重新审视这段关系。

✦ 每个人的边界是不一样的

有些人可能倾向于勾肩搭背的亲密举动，有些人则可能更喜欢保持 1.2 米的安全社交距离；有些人喜欢将自己拍的照片分享至社交平台，有些人则只想把照片留在相册里默默回忆……这就要求我们对于别人的心理界限不能一概而论，更不能拿自己的边界作为衡量别人边界的标准。了解别人能接受的范围在哪里，是尊重他人的一种表现。

要知道，我们在尊重别人的同时，也是在尊重、爱自己。

懂得平衡之道，方可构建和谐的家庭关系

平衡是人生智慧的真正表现形式。

——本杰明·富兰克林

中国传统文化里讲究平衡之道。阴阳平衡，身体才会康健。心理平衡，才能保持内心的愉悦。能量平衡，世界万物才得以正常运转……可以说，平衡是一种最佳的状态。在家庭关系里，平衡亦不可或缺。

然而，我们在家庭中却常常看到一种“失衡”的状态。夫

妻关系向丈夫或妻子一方倾斜，整个家庭以孩子为中心运转，老人决定了家里的大小事务……家庭关系的失衡必定会导致家庭成员之间矛盾激增，夫妻争吵、孩子抱怨、婆媳冲突随之而来。

要想家庭关系得到平衡，重点在于我们能否找到独属于我们自己的平衡“砝码”。并且，砝码的种类并不是固定不变的。时间、金钱、情绪……家庭中的一切，都可以成为平衡家庭关系的“砝码”。就像有的人付出的时间更多，有的人在经济上能力更强，有的人更善于提供情绪价值一样，平衡应该是多维度、多层次、多角度的。

最重要的是，平衡的背后并不是我们为家庭赚了多少钱，付出了多少时间，而是家庭成员间情感的流动。当家庭中充溢着包容、爱、理解、尊重时，我们就掌握了平衡之道的精髓。

王慧的家庭并不是传统的“男主外，女主内”。为了让王慧安心在外打拼，丈夫主动承担了大部分的家务活。谁知，就在王慧面临升职加薪的关键时期，丈夫突然宣布“罢工”。

事情要从王慧和丈夫刚结婚时说起。王慧是企业的高管，丈夫是设计师。相比王慧早出晚归、经常出差的工作，丈夫的工作自主性更强。虽说丈夫工作很自由，但是挣的钱却不是很稳定。因此，家庭开支的重担便落在了王慧身上。而丈夫则包揽了做饭、洗衣、拖地等大部分家务活。

就这样,王慧和丈夫过起了“男主内,女主外”的生活。原本,王慧觉得这样的生活也挺好，起码家里有人照顾，自己可以大胆放心地在外闯荡。对丈夫而言，家里舒适的环境也有利于激发自己的创作灵感。然而，随着身边的声音越来越多，王慧的内心悄然起了波澜。最开始，是王慧的妈妈忍不住发声了。

“阿文（王慧的丈夫）每天在家这样无所事事，能行吗？”

“你说他是不是别人常说的‘吃软饭’？”

对于妈妈的质疑，起先王慧还能反驳几句:“妈，他其实有工作。就是他那个工作比较自由，有活儿的时候就忙一点，没活儿的时候就闲一点。”

可是，到最后不仅是自己的妈妈不满，连同事和朋友也在窃窃私语，说着“王慧的丈夫不干活，一个家庭全靠王慧一个人撑着”之类的话。嘲笑声、质疑声不绝于耳。

久而久之，本来不当回事的王慧也开始动摇了。当她看到丈夫把一笔价格不菲的修车费账单发给自己时，心里不由地升腾起一股怒火。虽然不满，王慧还是强忍着怒气帮丈夫付了钱。

这天，王慧刚回到家，饥肠辘辘的她夹起一块丈夫做的红烧肉,兴许是酱油放多了，这块红烧肉有点咸得发苦，王慧吃了一口，立马吐了出来，嘟囔了一句“在家连个饭都做不好”。丈夫听了，脸色变了变，默默地收拾好碗筷回屋。

一个星期后，丈夫对王慧说自己找到了一份正式的设计师工作。从此，王慧与丈夫双双过起了早出晚归的生活。有时候，王慧前脚刚刚加完班回到家,丈夫也正好回家。两人都忙于工作，很少在家自己做饭，更别提整理家务了。

看着乱作一团的家，王慧突然有点怀念从前。那时，每次下班后，无论多晚，丈夫都会等着她一起吃晚饭。有时候，自己想露一手做个菜，却不小心放多了盐，丈夫也吃得津津有味，边吃边说:“咸点儿好，咸点儿好下饭。天气热，可以多补充点儿盐分。”有时候，自己负责的项目黄了，丈夫会安慰她说:“就当是积累经验了，下次再遇到类似的项目，不就有经验了吗？”而如今，别说是睡前聊天了，连在一起吃饭的时间都没有。不是自己加班,就是丈夫加班。两人都不加班的时候简直少之又少。

此时，王慧才深刻意识到:丈夫为自己提供的可不仅仅是做好后勤这么简单，他能包容自己的小错误，当自己坏情绪的垃圾桶，舒缓自己的焦虑……再看看自己，能为丈夫和家庭做的似乎只有“挣钱”这一件事。

想到这里，王慧顿时释然了。她决定与丈夫商量，让丈夫再次做回“自由设计师”的工作。听到王慧心中的想法，丈夫有些意外和不解。王慧有些动容地说：“比起我对家里的付出，你才是家里的支柱，更是我的精神依靠。”

毫无意外，流言蜚语再次袭来。这一次，王慧站在了丈夫的前面，替他挡住了风言风语：“你们总说是阿文离不开我，实际上是我离不开他。阿文为这个家付出的，远比我付出的多得多。”

平衡之道无非是发现每个家庭成员的闪光点和价值所在，看到它，认可它，尊重它。金钱、时间、精力、陪伴、情绪……这些都是构成和谐家庭必不可少的重要因素。所以，我们在衡量家庭成员的贡献时，不能用单一的标准来评判，而是要综合考虑。

当我们把所有因素都考虑在内，跳出计较个人得失的利己观，站在家庭的角度看待每位成员的贡献时，困扰我们的关于家庭平衡的问题自然不攻自破。

相互疼爱，相互理解，相互尊重，相互扶持，相互依靠，相互包容……从看重个人利益转变为追求家庭和谐，大家的心都往一处想，劲都往一处使，家庭才会越团结，关系才会越平衡、和谐和幸福。

如何找到家庭里的平衡之道？

✦ 拥有一双善于发现的眼睛

有的人善于陪伴，有的人做饭好吃，有的人赚钱能力强，有的人情商高……每一个家庭成员擅长的地方都不尽相同，不能一概而论。发现家庭成员的优点是建立平衡家庭关系的第一步。

✦ 拥有强大的包容力

每个人身上都有不足之处。执着于对方的缺点，会容易让我们忽略对方的优点。这时，就需要我们练就一身强大的包容力。包容对方的短板，放大对方的闪光点。包容，是建立平衡家庭关系的加速器。

✦ 摈弃以金钱论一切的陈旧观念

在一个家庭里，每个成员都有其独特的价值和贡献，挣钱能力并不是评判他们价值和贡献的唯一标准。关键是看我们能否从对方身上感受到爱，收获理解，获得包容。因为，在一个家庭里，爱、理解和包容远比金钱更重要。

第四章 *Chapter Four

终极博弈

夫唯不争，

天下无敌

保持松弛感，
有智慧的女人不慌张

当你的希望一个个落空，你也要坚定，要沉着！

——亨利·华兹华斯·朗费罗

你有多久没有好好放松了？我指的不是身体，而是心灵。繁忙的日常工作，焦虑的孩子教育，紧张的家庭关系……我们好像一直被困在忙碌的空间里。所有人都在奔跑，裹挟着我们不得不努力奔走，一直向前。

可是，你有没有想过，如果我们始终保持着紧绷的状态，身心都写满了“疲惫”和“焦虑”，那么，我们的人生就越沉重，越难以前行。但是，现代人想要“轻装上阵”，实在是太难了。家里的老人病了，孩子的培训费涨了，晋升名单中没有自己……随便一项都能让我们倍感压力。

我们越是感觉到生活的窒息，就越要逼着自己练出“松弛感”。松弛，不是“躺平”，更不是“摆烂”，而是一种不焦虑、不拧巴，舒适自然，内心平和，自信满满的精神状态。

我们常说的“内心淡定从容”，就是对松弛感最好的形容。无论面对多大的风雨、遭遇多大的困难，我们始终要不慌不忙，从容不迫，稳步向前。

终有一天，你会明白：在竞争激烈的当下，对抗“迷茫、焦虑、不安”最好的武器，就是内心的那份坚定、冷静、沉着。

刚送完孩子上学，惠元就接到领导的电话，说她的报告里有几项数据是错的，需要马上修改。这份报告足足花费了惠元两个月的心血，从市场调查到数据分析，再到战略规划，她都亲力亲为。整整两个月，惠元一直处于紧绷状态，连睡觉时都想着报告的事。如果数据有问题的话，就很有可能推翻整个结论，这无异于重做一份报告。一想到这里，惠元再也支撑不住，躲在车里抱头痛哭。她不明白:“为什么自己这么努力，却还是做不好？为什么自己不停地奔跑,却一直止步不前？”对惠元来说，她太需要用这份工作来证明自己了。

半年前，她空降公司，成为公司里最年轻的市场拓展部经理。几个月以来，虽然同事对她的评价褒贬不一，但是她能明显感觉到领导在质疑她的能力。这次市场调研报告关系着市场部下半年的战略方向，重要程度可想而知。为了做好这项报告，惠元亲自出马,所有的工作都亲力亲为,跑门店,调数据,做分析,查资料……她依稀想起自己已经很久没有在周末陪女儿出去玩了，也很久没有去看望自己的父母了。生活仿佛只剩下工作这件事。吃饭时想着工作，睡觉时想着工作，起床后的第一件事就是打开电脑查看门店昨天的销售数据……当感觉自己快要撑不下去的时候，她会暗暗给自己打鸡血:不逼一下自己，怎么知道自己的潜力?

赶到公司,惠元感觉到领导正强压着一股怒气,反复质问她:“这么明显的数据错误，你看不出来吗？你这些结论到底是怎么得出来的？下半年还要继续拓展新门店？”领导的一顿斥责，让惠元如坠冰窖，浑身止不住地发抖。最后，领导说了一句:“你先好好休息，给自己放放假，我看你这段时间都没有休息，下周回来再好好整理报告。”

“是呀，我真的很久没休息了。”惠元松了一口气，缓缓走出公司。马路边上的两排樱花树，不知何时已经变成了绿色。她想起自己刚开始准备报告那会儿，樱花树上还是什么都没有。它是什么时候开花，什么时候花落，又是什么时候穿上了翠绿的外衣？她使劲地闻了闻空气中清新的香气，是久违的闲暇舒适的味道。

她决定今晚带女儿到外面好好吃一顿，再陪她去儿童乐园玩一玩。一想起女儿，她满心愧疚。进入公司后，女儿不止一次抱怨“妈妈现在不爱我了，妈妈最爱工作”。

回到家中，惠元看着散落一地的资料和满地的尘埃，决定来个大扫除。收拾好书柜，整理好房子，她给自己做了一顿可口的午饭。难得的放松让惠元的身心都松弛下来，心底浮现一股难以名状的轻松。这种状态，她已经很久没感受到了。

晚上，母女二人吃完饭回了家。惠元好不容易把女儿哄睡，之后拿起床头闲置已久的书籍看。看了一会儿，她突然想到报告中的数据该如何修正了。之前一直找不到的思路和方向，没想到此时竟如泉水般喷涌而出。她立刻拿起电脑，重新整理了数据，并调整了公司下半年的发展战略。

第二天，惠元将修改好的报告发给领导。没想到，一向不苟言笑的领导竟然在工作群里当众夸奖她战略制定得非常棒，十分符合公司的发展现状。

有时候，只顾着一直向前奔跑并不是一件好事。因为，人在重压之下容易产生各种应激反应。比如，反应迟钝，精神恍惚，记忆力下降等。适当地放松，找寻内心的那份松弛感，才能更好地出发。

意识到这一点后，惠元决定每天即使再忙，也要为自己创造放松的机会。因此，她也常常告诉下属："越是紧张的战斗，就越要学会自我放松。"

松弛有度，人生方能行之致远。

松弛，是一种人生选择，是找到一个让自己既舒适又自在的平衡状态。这种自洽的精神状态，既不会让我们失去前进的动力，也不会让我们被现实的压力打倒。相反，它是我们丰盈内心、积蓄力量的关键。

人生并不是一场需要冲刺的百米赛跑，而是一场漫长的马拉松。前半段跑得慢，跑到一半摔倒了，跑不动了，跑错了方向……这些都没有关系。因为，未到终点，谁赢谁输还不一定。我们要做的是调整状态，把握节奏，持续向前，继续笑着跑向终点。

培养松弛感的 5 个小技巧

✦ 允许自己慢慢来

在遇到困难或挫折时，我们不用着急站起来，允许自己在地上躺一会儿，然后慢慢起身。当我们认为自己人到中年学习能力下降时，告诉自己：没关系，慢慢学也可以；当看到孩子的成绩总是上不去时，告诉自己：不要急，让孩子慢慢掌握也可以；当家里总是鸡飞狗跳、争吵不断时，告诉自己：不要怕，慢慢磨合也可以。

人生，慢一点，也没什么不好。

✦ 允许自己失败

人生哪能不犯错，不失败？不要对自己太苛刻，接纳自己的缺点和不完美，包容自己的失败和不足。告诉自己：失败，才是人生的常态。每一次出错，都会让我们离成功更近一点儿。

✦ 允许意外发生

人们常说：“要在不确定的世界里注入确定的力量。”这个确定的力量，就源于我们内心的松弛感。意外和未知并不可怕，可怕的是我们面对不确定事件时惊慌失措，担惊受怕。要学会接受意外和未知，把它当作人生中的另一种风景。

✦ 允许自己有负面情绪

时不时向内观望，问问自己内心：最近过得好不好？失落吗？悲伤吗？开心吗？快乐吗？

生气、悲伤、委屈、焦虑……这些负面情绪的出现很正常。我们不必压抑，更不必否定，给负面情绪一个存在的空间。难过，可以放声哭出来；委屈，可以找人倾诉；生气，可以自己冷静一会儿；无聊，可以找人吃饭聊天……只有情绪放松了，心态才会平稳。

✦ 允许自己适当放松休息

我们除了要在心态上保持松弛感，身体也要保持一种放松的状态。偶尔给自己放个假，适当地休息一下，不要无休止地压榨自己的身体。累了，可以偷懒追追剧，看看书；乏了，可以一觉睡到天亮；厌烦了，可以放下手中的工作，到大自然里走一走，看一看。

一旦拥有了松弛感，你会发现：人生处处是风景，旅途处处有花香。

这个世界除了你，没有别人

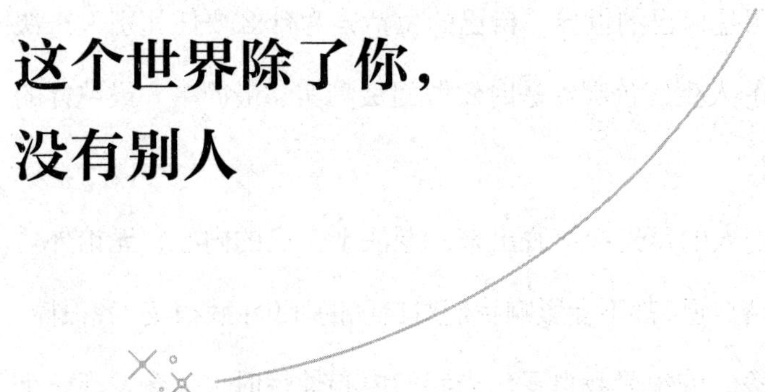

天行健，君子以自强不息。

——《周易》

在这形形色色的世界里，我们被数不清的人、事、物包围着、裹挟着、点评着……有人喜欢我们，对我们给予肯定、认同、赞美；也有人不喜欢我们，用带有否定、质疑、鄙视、厌恶的口吻攻击我们。不知从何时起，我们的世界全被外人的评价填满。别人的一句称赞，让我们欣喜若狂，觉得整个世界都灿烂了；听到别人的指责，我们痛苦万分，觉得整个世界都坍塌了。

这简直是本末倒置！

明明是自己的世界，自己的生活，为什么要任凭别人来决定我们的人生底色呢？是时候做回最真实、最简单、最纯粹的自己了！

从别人的目光中挣脱出来，专注于自己的内心，无论外界如何看待自己，都不会影响我们对自己的评价：我很美，我很棒，我很优秀，我很爱我自己！当我们内心灿烂时，你会发现整个世界都充满了温暖的色调，温柔又美好。

因为，心境变了，感知就变了。这就是“境随心转则悦，心随境转则烦”。

从小到大，小允是典型的“别人家的孩子”。成绩优秀、性格温和、礼貌懂事、善良友爱，这些词用在她的身上都是那么地恰当贴切。

一年前，刚从名牌大学毕业的小允，凭借着出众的能力，顺利进入了当地一家有名的大企业。初入社会，小允就感觉到职场与学校有很大不同。在职场上，任何一点错误都会被别人无限放大。就拿自己提交的策划案来说，里面只是有一个不起眼的错别字，却被同事告到了部门领导那里。

虽然领导没说什么，小允却能明显感觉到领导看自己的眼神变了，不再像之前那样充满着慈爱和笑意。就连平时关系好的同事也开始议论纷纷。

“她不是从名牌大学毕业的吗？怎么也会犯这么低级的错误？”

“也不知道是谁说她能力很强的，果然传闻不可信呀！”

小允第一次对自己的能力产生了怀疑，在之后的一次提案中，因为太过紧张导致说错了好几个地方。最后，她的提案未被通过。公司里对她的质疑声更大了：顶着优秀者的光环，却一点都不优秀！

每次进入公司，小允总觉得有目光跟着自己，耳边总会响起同事的嘲笑声、奚落声、讽刺声。渐渐地，她开始害怕进入公司，害怕与同事相处，害怕看到领导，害怕看到工作的消息。

对工作的恐惧，让她产生了深深的自我否定。她变得脆弱、敏感且无助。别人随口一句指责，就能让她情绪低落一整天。此时的小允已经失去了自我判断的能力，只能任由他人对自己下定义。小允变得越来越焦虑，情绪陷入了长时间的低落状态。

小允晚上躺在床上，翻来覆去睡不着，打算起身吃一些医生开的助眠药物。她打开抽屉，看见了被埋在一堆杂物底下的一张照片，拿起一看，是自己毕业时全校优秀毕业生的合照。照片中的小允，笑得灿烂明媚，整个人散发着活力与热情；再看看现在的自己，蓬头垢面，无精打采，整个人消极又脆弱。

小允走向书柜，从一堆书中拿下了一沓厚厚的奖状、证书。省级三好学生、全国生物竞赛二等奖、演讲比赛一等奖、优秀毕业生……曾经获得的荣誉如电影般闪现在自己眼前。

“我真的……很差劲吗？”小允小声地说着。她没有得到答案，但看着照片上意气风发的自己，看着一张张荣誉证书上自己的名字，小允似乎没有平常那样焦虑了，她把自己的证书和照片放在床边，一边回忆着往事，一边慢慢地睡去了。

第二天清晨，小允被窗外的阳光唤醒，她起身拉开窗帘，静静地看着窗外的风景，这是她这么久以来第一次愿意主动睁开眼欣赏这五彩的世界。

一周后，小允踏上了前往云南的旅程，她找到了一份民宿义工的工作。小允想：既然现在还找不到答案，那就先交给时间，交给大自然吧。民宿的老板是一位与她年龄相仿的姐姐，忙时她们便一起招呼客人，打扫卫生，闲时她们便坐在一起聊聊天，散散步。时间一天天过去，在与老板和游客的相处中，小允感觉自己不一样了,她越来越爱此时淡然的自己了。在苍山洱海中，小允感觉自己释然了许多。

一年后，小允找到了一份新工作。虽然还不知道接下来会面临怎样的挑战，但她已经不害怕，也不在乎了，因为自己的心境已然变了。

心境变了，小允眼中看到的整个世界也随之改变！用心工作，享受生活，小允的人生终于走向了真正意义上的丰富多彩。

有多少人因为太过在意别人的目光，而努力将自己活成他人期待的样子，失去了自我。这是多么可悲的一件事！要知道，我们是最接近自己的人。如果连我们自己都不认可、爱惜、欣赏自己，还能指望谁来爱惜、心疼和喜欢我们呢？自爱者，人恒爱之。当我们从心底里真诚地欣赏、喜欢自己时，别人才会爱你，欣赏你，赞美你。

你不是别人的附属品，不必过分迎合别人的喜好、在意别人的评价，不要质疑自己的能力……记住，一定要告诉自己：我是多么的强大、与众不同和独一无二，我很爱这样的自己。

“千万不要失去对自己人生的掌控权！”亲爱的女性朋友们，

我衷心地希望你们能明白这一点。

如何更好地做自己?

✦ 保持独立的人格

不要把全部希望寄托在父母、伴侣、孩子、朋友等其他人身上。别人都只是我们生命中的过客，只能陪伴我们一段旅程。真正能伴随我们走完全程的只有我们自己。正因如此，我们更需要培养独立自主的能力,做自己一生的依靠、一辈子的避风港。

✦ 不要深陷负面情绪中

人的一生会充斥着各种各样的情绪。悲哀、苦闷、痛苦、失败、颓废、沮丧、懊悔等负面情绪的出现,是再正常不过的事情。所以,不要过于看重这些情绪的价值，不要深陷负面情绪中，更别让这些负能量影响我们对自己的认知。

✦ 相信经历比结果更重要

严格来说，人生并没有绝对意义上的成功或失败。我们所认为的成功，也许是他人眼中的“失败”。正因为如此，我们更应该重视人生的经历，只有经历才是完完全全属于我们自己的。它记录着我们前进的每一步，让我们更加确信“我就是我，最特别的我”。

✦ 用积极的心态过一生

不妨把人生当成一场游戏，而我们自己就是游戏的主角，享受游戏的快乐，体验游戏的起伏，尽情释放自己的活力和热情。只有这样，我们才不会辜负这段绝无仅有的生命旅程。

用脑还是用心？更高维度的决策交给心

心即理也，天下又有心外之事、心外之理乎？

——王阳明

你觉得人生想要获得成功是靠聪明才智多一点，还是靠恒心、毅力、信心多一点呢？面对这样奇怪的问题，肯定有人会说："那还用说吗？肯定是靠智商多一点呀，不然为什么从小到大，父母和老师都要求我们学会'多动脑筋'呢？"当然，也有人认为智商和恒心同样重要。

我认为，用脑，可以帮我们解决一时的工作难题；而用心，可以让我们实现人生的终极梦想。

做了6年金融公司高管的雯雯，在自己成为区域总经理的第五个月，毅然决定离开公司，从零开始，走向自己从未接触过的农产品赛道。

在父母和朋友眼中，放弃稳定高薪的工作，和农田打交道，简直让人无法理解。然而，只有雯雯知道，她所作的一切决定，都只不过是遵从了内心的选择和方向而已。

对于从小生活在青海的雯雯来说，黑枸杞是她最熟悉的农作物。她所在的村子也是当地有名的黑枸杞种植基地。也许是从小耳濡目染的缘故，雯雯对黑枸杞有一种别样的情结。在她眼中，黑枸杞不仅是当地农民谋生致富的“金果”，更是农民幸福生活的象征。

即便在事业上取得了相当不错的成绩，雯雯心里还是始终放不下黑枸杞。她想让家乡的黑枸杞创造更多价值，为老百姓带来更富裕、更幸福的生活。

黑枸杞，成了雯雯的“心之所向”。

可是，从金融到农业，其中的跨度不是一星半点，遇到的困难可想而知。然而，这些都没有“吓跑”雯雯，反而让她滋生出了非凡的动力。为了摸清黑枸杞的生长规律和种植特点，她与农户同吃同住，一同下地查看黑枸杞的长势。与高校和科研机构合作，成立课题研究小组，探索黑枸杞的营养价值和制作工艺。为了改变黑枸杞粗犷原始的加工方式，雯雯组建了食品创新小组，专注研发黑枸杞的深加工产品。

在创业初期，雯雯的黑枸杞产业遭受了前所未有的打击。一次天气骤变导致基地黑枸杞的减产率高达90%，损失近千万。还有一次，因为合作的种植户在管理上的疏忽，以致即将收获的黑枸杞被麻雀吃得所剩无几，让雯雯欲哭无泪。

然而，这一切都没有击垮雯雯。她始终记得自己的初心和愿望。她总是对自己说：“遇到困难没关系，大不了再接着干。”在雯雯的努力下，当地的黑枸杞种植面积一再扩大，黑枸杞的深加工基地数量也增加了，黑枸杞系列产品的研发进度也加快了，带动了上下游多家企业蓬勃发展，为当地老百姓创造了一个又一个就业机会。

如果雯雯沿着之前的金融高管之路继续走下去，她也许会成为一个了不起的管理者。但是，“黑枸杞”这条路却让她收获了更多意想不到的价值感、成就感和幸福感。

当雯雯看着种植户们眉开眼笑的模样、源源不断的产品好评、家乡翻天覆地的变化时，她的内心有着说不出的激动和感慨。这是她当高管时从未有过的情绪。

这也许就是“用心”的力量吧。

用脑，是一个人智商的体现。有时候，我们的工作完成的好坏，更多取决于思维能力的高低。相比之下，用心是一个人情商的生动再现。它具体表现在：我们是否具有同理心，能站在他人的角度看待问题；是否能抵挡住失败的痛苦，不至于就此一蹶不振；是否能在无数次的打击后仍有勇气站起来，再次朝梦想出发。

所以说，我们想要实现人生的终极梦想，光靠“脑”是远远不够的，一定要借助“心”的力量。用乐观向上击退困难和挫折，用同理心感召志同道合的伙伴，用恒心和毅力托起自己每一个梦想。

有时候“脑”和“心”并不是统一的，而是对抗的、冲突的。有时候，我们面临着理智分析的结果和自己内心真正想去做的事情发生矛盾的困境，这时该怎么选择呢？这种情况就要看你的愿力有多大，以及事情的成败是否在你可承担的范围内。

在我看来，拥有大智慧的人，一定是“脑心双用”的人。“脑”是规划、路径，“心”是目标、方向。用脑，可以支撑我们走好人生中的每一个细节，踏实每一个脚步；用心，可以支撑我们坚定不移地走好未来的路，实现心中的梦。

“脑心双用”的小技巧

✦ 为“脑”和“心”匹配合适的场景

想要完美实现“脑心双用”，我们就必须清楚地知道什么时候该激活“脑思维”，什么时候要动用“心能量”。比如，在日常的生活和工作中，我们更依赖活跃的脑细胞帮助我们进行整理、分析、归纳、总结、创新等工作。然而，当我们遇到困难、遭遇挫折、想临阵脱逃时，就需要调用我们的信心、决心、恒心、耐心等心理层面的力量。

只有这样，我们才能做到“脑”“心”自由切换。

✦ 在理想维度，一定要以“心”为主

梦想之所以伟大，就在于它实现的过程必定包含着数不清的艰辛、痛苦和曲折。我们如果只依靠脑的力量，也许只能实

现某一个小梦想，却难以实现人生中的大计划。所以，当我们感到自己快要坚持不下去的时候，别忘了向内寻找心的力量。当我们将注意力转向内心时，你会发现源源不断的动力正从心中涌出。

✦ 切勿“用脑不用心”

有些人看起来忙忙碌碌，却始终难以取得大成就。因为他们一心只想着完成手头上的事，很少对自己的未来进行规划和设想。这就是典型的“用脑不用心”的表现。所以，要想在人生道路上获得突破，我们就不能只用脑，不用心。

要知道，人与人之间的差距，往往就藏在“用心”上。

真诚的人散发着“魔力”

惟诚可以破天下之伪，惟实可以破天下之虚。

——《诗经 · 大雅 · 抑》

真挚、率真、赤诚如孩童一般的人，常常散发着一种“魔力”。这种魔力能让对方感受到我们的善意、纯真、美好，并迅速与我们建立信任，培养感情。

这让我想起了某电影里的一段台词：“其实很多时候，你并不需要做什么，真诚即可。”卸下伪装，扔掉面具，无须猜忌和怀疑，更不用含沙射影，我们只需回归最本真的自我，露出自己最诚挚的一面，哪怕是“笨”也好，“单纯”也罢。

提起王萌，大家的第一反应就是“过于实诚”了。她从不藏着掖着，甚至连自己的“无知”也常常毫无掩饰地表现出来。

就拿刚进公司那会儿来说，公司进行了一场新员工培训，当领导问起“还有哪位新员工对今后工作有疑惑”时，所有的新员工都默不作声，只有王萌提出了自己的困惑，更直言“林总，您在介绍公司今后工作重心的时候，我不是很清楚，麻烦您再说一遍吧”。王萌的话音刚落，所有新员工都用一种不可思议的眼神望着她，仿佛在说“你怎么能这样说领导”。就连她的上级领导都忍不住悄悄对她说：“回去我和你详细说，不要在林总面前说‘我不清楚’‘我不明白’，这样会显得你没本事。”此时，整个会议室鸦雀无声，就在大家都以为王萌要被林总训斥时，林总却突然“哈哈”笑了两声，随后说道：“我故意在今后的工作重心上进行了省略，就是想看看哪位新员工能发现。”从此，林总记住了这个敢于直言的王萌。

王萌“过于实诚”的一面，还体现在她对自己能力的认知上。用她的话来说，懂就懂，不懂就是不懂，千万不能不懂装懂。大学时，她学的是会计专业，毕业后在公司里担任会计助理一职。虽然专业对口，但理论与实践之间存在着鸿沟，王萌感到有点力不从心。对此,她总是向财务主管坦然自己“不会”,然后虚心接受财务主管的指导，自己回家后再使劲恶补相关知识，不断提升。慢慢地，她不会的越来越少，擅长的越来越多。半年后，她从会计助理升职为能够独当一面的会计。

不仅如此，王萌的真诚和率直，还为她在同事间赢得了好口碑。很多同事都说:“和王萌在一起相处不仅不累，还特别轻松自在。”的确如此，如果有人在王萌面前不小心说错了话或者做错了事，也不用担心害怕，她会耐心地给予帮助，用善意包容着每个同事的“不小心”。对于向她请教的人，她也倾囊相授，毫不藏私；对于诋毁她的人，她也常常是一笑而过，不放在心上。

在年底，公司采取匿名投票的方式票选“年度最受欢迎”的员工时，王萌毫无意外地当选了。当她看到同事们在投票时给她的留言，顿时泪盈眼眶。

“因为有你，我每天的生活都乐趣满满。”

“你像个小太阳，照亮了我的心。”

“你的真诚，你的率真，深深感染了我。”

……

王萌突然想起自己初入职场时，大学前辈对自己的叮嘱：“要圆滑一点，不可事事坦诚，可以适当地掩饰和伪装，这样才能让你的职场生活过得更顺畅一点。”可是，王萌始终无法做到。她不止一次对自己说：“既然改不掉‘真诚率直’，那就索性一直这样下去吧。”

也许，王萌自己也没想到，坦诚地对己、对人会让她在职场之路上越走越稳。两年后，她被破格升为财务部主管。第四年，她成为公司最年轻的财务总监。最让她开心的是，她在公司里收获了一群好同事、好朋友。

她把这一切都归功于“真诚”的力量。

真诚，也许看似稀松平常，众人皆有，实际上它却是我们阅尽千帆后的人生抉择。当我们带着一颗赤诚之心走向世界、面对他人之时，定会惊喜地发现：每一个大成就的背后，是久久为功的善良、纯粹、诚恳和坦荡。

如何激活身体里的真诚“基因”？

✦ 做到言行一致

确保自己的言行一致，对自己的言行负责是真诚的基础。要说到做到，不轻易承诺，一旦承诺就尽全力兑现，让他人感受到我们是值得信任的，这不仅能维护我们自己的信誉，也是对自己和他人的一种尊重。

✦ 学会倾听，善于表达

倾听是一种沟通交往的技巧。认真倾听，既能够体现一个人的修养，又能够体现一个人的真诚。在倾听中细细体会他人的感受和想法，并适时表达自己的真实感受和情感，比如对朋友的关注、对家人的爱等，这样会让人感到你的真实和温暖，建立起对你的信任和羁绊。

✦ 培养自己“无所求”的心态

不知道大家有没有发现一个悖论？我们往往越渴望什么，就越得不到什么。这是因为太过急功近利，太想争一时得失，最后导致满盘皆输。如果，我们无所求呢？无论对方能否为我们带来利益，我们都愿意无条件地为对方付出，释放自己的善心善意。当我们用一颗真诚的心对待别人，也必定会换来他人的支持信赖和真心相助。

✦ 不惧怕“露短”

有人会担心，“露短”后可能会引起别人的反感。其实，恰恰相反。我们能勇敢地承认自己的不足，反而更能博得对方的好感，快速增进彼此间的情谊。敢于在他人面前坦然暴露自己的不足之处，才是真诚的最高境界。

真诚是人与人交往中最宝贵的品质之一，它能够冲破所有的障碍，直抵人心。

与人交往时，我们只需交出一颗热情真诚的心，剩下的就交给时间。

活在当下，当下即未来

过去的，让它过去，永远不要回顾；未来的，等来了时再说，不要空想；我们只抓住了现在，用我们现在的理想，做我们所应该做的。

——茅盾

关于“什么样的人生最失败？”这个问题，我曾经在网上看到过一个很精辟的回答：“把时间浪费在对过去的自怨自艾，和对未来的惶惶不安中，是最失败的。”

的确，过去无法改变，未来不可控制，只有当下才是我们真正能掌控的。这个道理很多人都懂。可是，想要脚踏实地地做好当下的每一件小事，并不像想象中那么容易。

今天太忙，太累，太多应酬……我们会为自己找各种各样的借口，最典型的就是“明天再干”。可是，明日复明日，明日何其多，到最后，别人早已实现目标，成功登顶，只有我们仍在半山腰或仍停留在山脚的起点处。

所以，在我们恣意畅想美好未来的时候，不妨把目光拉回到当下。因为，我们想要的未来，取决于我们当下的状态；我们想去的远方，取决于我们从哪里出发。

亲爱的女孩，我希望你明白：每一个渴望已久的未来，都是由一个个喜悦圆满的当下组成的。

电商当道的时代，梓萌的内心也跃跃欲试，梦想着在母婴电商赛道上闯出一片新天地，创造属于自己的个人品牌。于是，她辞掉工作，下海创业，在某电商平台上开了一家母婴产品专卖店。

这并不是梓萌的临时起意，而是她经过近半年的深思熟虑后才做出的决定。原先，她在一家专做电商平台的公司负责运营工作，对网店的装修、运营、管理了然于心。

“既然我拥有成熟的经验，为什么不自己做一家网店呢？”想法有了，那选择何种垂直品类呢？这成了让梓萌头疼的问题。当时，国家“全面两孩”政策刚颁布，人们对母婴产品的需求持续增加。梓萌看到了这个颇有前景的商机，再加上自己多年的工作经验，自己开店便顺理成章。在她的规划中，争取一年内让店铺的销售额挤进平台母婴领域的前10名，3年内打造出个人IP，5年内成为全国母婴类店铺中的NO.1。

然而，第一个月，店铺销量为0。梓萌安慰自己“新店刚起步都是这样，等第二个月、第三个月就好了”。第二个月，店铺销量似乎有了起色，成交了3单。她仍是安慰自己“有销量就是有进步”。然而，第三个月、第四个月，每个月的销量都是个位数，店铺依旧没有太大的起色。此时的梓萌彻底坐不住了，不甘心自己辛辛苦苦的前期准备就这么付诸东流。她找到自己的老师，请他帮忙分析原因。

得知梓萌的来意后，老师只问了她两个问题：“有没有为自己制定每天的销售目标？”“有没有坚持完成每天的目标？”对于老师的提问，梓萌哑口无言。因为，她压根就没有什么计划，更别提完成了。她每天做得最多的事就是接待进店咨询的客户。至于接待完后，成不成交那是客户的事儿，自己“随缘”。听到梓萌的讲述，老师让她回去先想办法回答那两个问题。

她回家后的第一件事，就是根据店铺当下的情况，制定了一个3个月的店铺销量提升计划。在接下来的第一个月内，每天至少成交1单，至少吸引50名客户进店浏览。第二个月内，每天至少成交2单，至少吸引70名客户进店浏览。第三个月内，每天至少成交5单，至少吸引100名客户进店浏览。

有计划只是第一步，执行下去才是重中之重。有时候，孩子生病了；有时候，忙于选货拍摄；有时候，需要照顾老人。说实话，一个月下来，留给梓萌专心运营店铺的时间并不多。即便如此，她还是尽全力完成自己定下的目标。有一次，孩子生病了，正巧碰上店铺上新品。她上午带着孩子去医院看病后，下午便马不停蹄地赶回家拍摄新品的图片，制作宣传页面。等到晚上8点多，她看了一下后台的数据，发现当天进店浏览的人数虽多，成交量却不尽如人意。她强忍着困意，急忙在平台首页进行推广。丈夫看到她忙了一整天，连水都顾不上喝，心疼地说道："今天就别弄了，少一点销量没关系。"梓萌固执地摇了摇头。

坚持完成每天的小目标，是她对自己的承诺。

看到有客户进店浏览询问，她立即亲切地与对方交谈。终于在快11点时，客户选择了下单。直到达成了当日的目标，梓萌才沉沉地入睡，心里说不出的踏实。

一转眼，自己制订的3个月短期计划已经完成。等到她打开后台统计数据时，发现自己的店铺在整个平台上至少前进了120名。虽然整体销量不是很高，但好评率和收藏率却比同品类店铺高出不少。3个月能取得这样的成绩，梓萌顿时信心倍增。紧接着，她又继续制订了3个月计划。这一次，她不再把每天的成交量定在个位数，而是十位数，百位数。

一年后，梓萌的第一个大目标“争取一年内让店铺的销售额挤进平台母婴领域的前十名”完美实现。她正朝着3年目标、5年目标继续努力中。

着眼当下，一步一个脚印，每天都尽全力完成自己的小目标，我们就会离大目标越来越近。

未来十分重要。有了对未来的憧憬，我们心中的目标就会更加清晰，方向也会更加明确。但是，比未来更重要的是当下的每一天。就像人们常说的“日拱一卒，功不唐捐”。每天进步一点点，每天前进一小步，长期坚持，决不放弃。最终，这些进步都会如“涓流”“爝火”一般，拥有江河之力，燎原之势。

珍惜每一天。把握好每一个当下，做好正在做的事，全力以赴完成需要完成的工作，绵绵用力，久久为功。我们所期待的未来，全由我们当下的所作所为来决定。

如何活在当下？

✦ 制定目标时，切勿好高骛远

我们在树理想、定目标的时候，可以适当定得高一些。但是，一定不要好高骛远，脱离我们的实际情况。难以实现、太过远大的目标，如空中阁楼一般，虚幻又缥缈。

✦ 学会把大目标拆解成小目标

目标过于庞大，不知该从何下手。这时候，我们就需要拥有分解目标的能力，即把大的目标分解成一个个当下可完成、可实现的小目标。每完成一个小目标，我们就朝大目标前进了一步。

✦ 制订小目标实施计划

光学会拆解目标还不够，我们还需要为每一个小目标制订计划。比如，我们的小目标是通过运动每个月减重 6 斤。那么，今天的运动是慢跑，明天是跳绳，后天是爬楼梯……制订计划，不仅让我们做起事来更便捷，也让我们更容易坚持。

✦ 不为自己找理由

“今天太累，明天再开始。”“明天有点急事，后天再开始。”当我们开始为每一天的任务找各种各样的理由逃避时，就意味着我们离心中的大目标越来越远。无论今天有多忙、多累，我们都要坚定不移地完成当天的任务。

风雨无阻，坚持不懈的你，终将会看到梦想照进现实。

爱是世界上最强大的力量

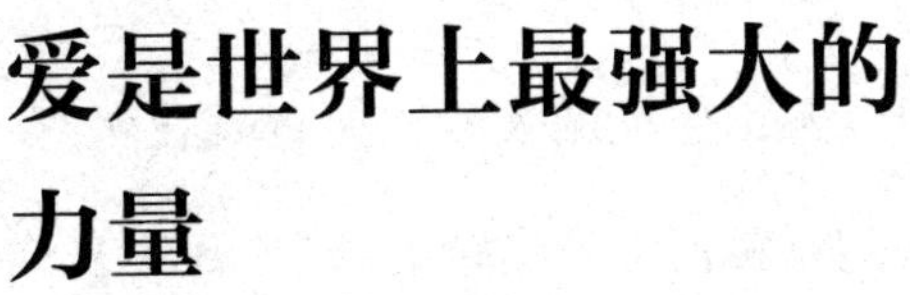

爱是生命的火焰，没有它，
一切变成黑夜。

——罗曼·罗兰

有一种力量能穿越生死，突破时间和空间的界限，拥有无穷无尽的能量。它，就是爱。

然而，爱有大小之分。我们爱某一个具体的人或一件具体的物，这就是小爱。比如，爱孩子，爱父母，爱伴侣，爱家里养的宠物，等等，这些爱是小爱。大爱，它还有另一种说法——

博爱。从字面上，我们就可以看出它的宏大。此时的爱不再停留在爱某一个人、爱某一件物上，而是爱一大群人，爱国家，爱社会，爱民族……

不计报酬、不求回报、不论生死的大爱，拥有战胜死亡、创造幸福的强大力量。我们常常能看到这样的场景：灾难来临时，总是有那么一群人义无反顾奔赴现场，舍生取义，始终站在第一线，只为了拯救更多的人；功成名就后，有一些人选择回到家乡，修路建厂，带领一批又一批的当地老百姓走上致富之路；在强大的敌人面前，有的人毅然挡住了敌人的去路，因为身后是他挚爱的祖国。

心怀天下，大爱无疆，是我们每个人应该追求的“爱”！

“我就是要把钱留在家乡。”在偏远山村长大的王婧，即便是在自己功成名就之后，依旧不忘保持一颗赤子之心。在她的心中，家乡和家乡的老百姓，比什么都重要。

王婧发家的背后是一段温暖的故事。在经营属于自己的餐饮连锁店之前，她在老家的学校边上开了一家小饭馆。由于邻近学校，学生成了店里最主要的客源。有段时间，一个特别的孩子吸引了王婧的注意：他经常在校门口打架斗殴，处处惹是生非。经过多方打听，王婧得知这个孩子家里穷，常常吃了上顿没下顿。于是，她便每天让这个孩子来饭馆里免费吃饭。这一举动渐渐融化了这个孩子的心。而且，王婧决定：只要是家庭贫困的孩子，在自己的饭馆里吃饭都可以免单。看着店里的孩子们一张张充满笑容的脸，王婧感到十分欣慰，也更有干劲了。

后来，王婧在城里的商场、人流量大的路口、景区等地方开了一家家规模更大的餐饮店，有了自己的连锁品牌，成了名副其实的老板。很多人都劝她干脆关闭学校边上的小饭馆，专心经营城里的餐饮店，反正很多孩子都去城里上学了，开在镇上的小饭馆生意一天不如一天。她却固执地摇摇头表示拒绝，理由很简单，也很令人动容。“如果小店关门了，那些穷孩子到哪里吃饭？只要还有一个孩子来吃饭，我这小店就要开下去。”王婧的话语中满是坚定。

王婧对家乡，似乎有超乎常人、深厚无比的爱。在同龄人都纷纷走出家乡，在外务工或创业时，王婧仍然坚持选择扎根家乡。她，要为家乡贡献自己的余生。

王婧开在城里的餐饮连锁店，因为实惠、美味且独具特色，渐渐成为当地的餐饮头部品牌。很多人劝她把餐饮店开到外地，扩大品牌的知名度，很多餐饮界的企业家甚至开出了极其优渥的条件，请她到当地开店，都被她一一拒绝。因为，“为家乡的发展做贡献”，是她心中矢志不渝的梦想。

餐饮店所有的食材，均源自王婧的家乡。牛、羊、鸡等均选用的是当地的品种，连辣椒都选用的是当地农户自己种的辣椒。她和当地多家牛羊鸡养殖户和蔬菜种植户签订了长期收购合同，并为当地剩余劳动力提供了就业岗位。

王婧的家乡地理位置偏远，经济并不发达。尤其是生活在更为偏远的山村里的农民，生活更是困苦。人们常说“穷则独善其身，达则兼济天下”，王婧，正用自己的力量回报社会，反哺家乡。

王婧家乡的一家餐具生产厂见证了王婧一家家餐饮店的发展壮大。王婧依稀记得：在自己刚起步的时候，餐具需求量非常小，常常达不到各大厂家的最低订单量。然而，当地那家餐具生产厂的领导却允许她每次几十个、几十个地订。几年后，这家餐具生产厂在经营上遇到了困难，陷入了濒临倒闭的困境。王婧听说后，立刻找到厂里的老板，签了一笔大订单，并向老板表示：“只要我的餐饮店在一天，你的厂就不会倒。你在我困难的时候帮过我，帮我渡过了最初的难关，现在我尽我的绵薄之力也是应该的。”

如今，王婧的家乡已有越来越多的人在她的带领下发家致富。这背后是王婧对家乡深深的眷恋，是王婧对家乡老百姓的承诺。

以“爱”为基石的企业，才会拥有生生不息的生命力。拥有大爱的人，才能成就更伟大的事业。

爱，究竟有多强大？答案可能超乎我们的想象。爱，能让我们不惜牺牲宝贵的性命，只为了挚爱的人民。爱，能让我们心甘情愿倾尽所有，只为了看到祖国更加强大。爱，能让我们不顾生死以身犯险，只为了更多人的幸福。

爱，是一种情感、能力和选择。当我们沐浴在爱中，耳濡目染之下，我们自然而然也会习得爱、点燃爱、领悟爱、激发爱、播撒爱，成为大爱的传播者和守护者。

爱是一种伟大的情感，它总在创造奇迹，扭转乾坤。我们在点滴小事中感悟爱的真谛，也在家国情怀中汲取爱的力量。在爱的浸染下、包围中，我们终将长成最好的模样，创造出令人刮目相看的人间奇迹。

如何培养大爱胸怀？

✦ 用心感受他人的爱

感受爱，是我们真正懂得爱、明白爱的重要前提。有的人主动为“与时间赛跑”的救护车清障；有的人不顾自身危险跳入湍流中抢救溺水的孩子；有的人数十年如一日免费为老人送水送菜……只要我们留心观察，身边处处都有爱的踪影。

✦ 学会将小爱升华为大爱

对“爱”的定义，我们大多数人习惯于将它局限在小爱的范围里。其实，除了爱孩子、爱父母、爱工作、爱伴侣，我们还可以爱得更多、更广。当我们不再把爱局限于自己狭隘的认知中，让爱在一个更广阔的天地里发酵，如国家、民族、人类、世界，它就会变得厚重、宏阔，拥有“把不可能变成可能”的神奇力量。

✦ 找到自己大爱的方向

我们可以从自己的角度进行反思：我能为父老乡亲做什么？能为社会做什么？能为国家做什么？虽然各人能力不同，但是我们想为家乡、为社会、为国家奉献爱的心是一致的。找到自己大爱的方向后，我们蕴藏在心中的爱就一定能迸发出改变世界的力量。

有起有落，不完满才是人生

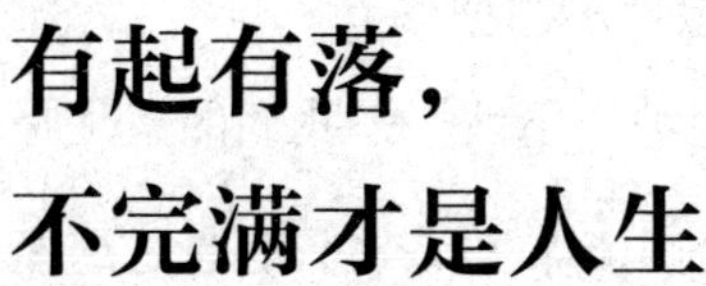

人有悲欢离合，月有阴晴圆缺，此事古难全。

——苏轼

什么才是真实的人生？有人说像夏花一样，璀璨绚丽。有人说如美酒一般，稠厚甘醇……但是，这些形容都不如季羡林老先生形容得那样恰如其分，他说：“不完满才是人生。”不完满，意味着人生不可能如同我们所期待的那样顺风顺水，一马平川，而是充满着遗憾和残缺。

真正的人生，起起落落是常态，高高低低是必然。真正的人生，不可能事事尽如人意，处处尽善尽美。而我们能做的是接受、释怀、享受这样真实而具体的生命旅程。

高峰、低谷、平原、山脚、上坡、下坡……我们的人生是不是像极了攀登一座座连绵不绝的山峰？也许，只有越过这座山峰的低谷，才能抵达另一座山峰的山顶。身处低谷时，我们不必因为失去而痛哭流涕；攀上高峰时，我们也无须因为得到而沾沾自喜。得失，乃是人生中最寻常不过的事。

得之坦然，失之淡然，顺其自然，从容不迫方能行稳致远，不悲不喜才能体会生命的本味。

从美妆企业管理层到创业失败，再到重新起飞，成为拥有百万粉丝的自媒体美妆博主，成立自己的美妆团队，梁萱的前半生如同坐过山车一般高低起伏，既有人人羡慕的高光时刻，亦有陷入低潮的至黑至暗。

梁萱的学业生涯简直可以用“一帆风顺”来形容。从小到大，梁萱的成绩一直名列前茅，22 岁毕业于国内知名大学的应用化学系，本科毕业后又攻读了本校本专业的硕士研究生。25 岁的她站在职业选择的分叉口：是继续攻读博士学位，还是获得一份稳定的工作、进入职场呢？怀揣着对专业的热爱和想要闯荡的决心，梁萱入职了一家知名的美妆企业，从事美妆产品的研发。

由于自身过硬的专业素质，加上乐于向前辈请教学习的态度，梁萱的进步很大，职位也步步高升。不到30岁，梁萱便坐到了管理层的位置，成了同行业女性高管中的佼佼者。

或许是对自己的管理经验过于自信，几年后，在多种因素的促使下，梁萱开始创业了。可是，管理和创业毕竟是两码事。会管理的人，不一定擅长创业。创业考验的是一个人的综合能力，而不仅仅是管理方面的能力。其中的情绪能力和抗逆力，恰恰是梁萱所欠缺的。

至于创业的结果，只能说是“异常惨烈”。因为她不仅花光了自己的所有积蓄，还抵押了唯一的一套房产，甚至欠下了巨额外债。

失败后的梁萱跌入了“情绪深渊”，一连好几个月，她把自己整日整夜关在房间里，不接电话，不出门，不见人，不说话，断绝了与外界的一切联系，甚至有过轻生的念头。

不知道经历了多少次辗转反侧，噩梦惊醒，梁萱一度觉得“今后的人生就这样继续黑暗下去”。然而，她没想到，自己的命运依然被“美妆”改变了。在情绪稍微好些之后，梁萱终于接通了朋友的电话，参加了朋友举办的一场美妆沙龙。在那里，有几位职业化妆师正在给大家分享化妆技巧。梁萱看得入了迷，对于在美妆企业打拼多年的她来说，她看到了一种全新的美妆发展模式——美妆教学。此时，她萌发了二次创业的想法。

为了不重蹈覆辙，她汲取第一次创业时失败的教训，一改之前鲁莽创业的心态，她对美妆行业进行了深入的研究和探索，规划好方向，捋清楚路线。这一次，她没有选择开美妆公司，而是站在短视频的风口上，将创业的方向定位在了自媒体美妆博主，在线上通过视频、直播等方式开展化妆教学，根据不同场景、不同需求给大家教授合适的妆容及化妆技巧。所用的美妆产品均是自己结合肤质使用过的，从不虚假宣传，随意推广。

经历了第一次创业失败的重创，很多人也许对再次创业心怀恐惧。然而，梁萱却勇敢地再次站在了创业的起跑线上，将失败、抑郁、负债看作通向成功的踏板。随着心态的改变，知识的积累，她在创业的路上越走越远，越走越稳。

梁萱的二次创业获得了巨大的成功。不到一年的时间，她的短视频账号涨粉百万，产出了一个又一个爆款视频，也接到了众多知名品牌的推广广告。在做美妆博主的第三年，她不仅还清了初次创业时欠下的巨债，赎回了自己的房子，还有了自己的美妆团队，成立了自己的美妆工作室，业务范围越来越广。用梁萱的话来说：“我终于从深坑里爬回到地面，又再次翱翔于天际了。”

从高处坠落，跌入深渊，再从深渊中奋力爬出，直面创业的伤痛，重新站在众人面前，有起有落，有高有低，这不就是最真实的人生吗？

既然人生不可能一路坦途，事事顺心，那么，我们应该用怎样的心态面对呢？答案是“接受”。我们只有承认了人生的不平坦，才不至于在深陷泥潭时意志消沉，更不会在飞黄腾达时自鸣得意。

我们要学会用一种更平和、更冷静、更从容、更理智的人生态度，看待生命中的坎坷、历练、磨难。正所谓：“宠辱不惊，闲看庭前花开花落；去留无意，漫随天外云卷云舒。”

既体验过人生中亮丽的高光时刻，也经历过黑暗的颓败时期，我们对人生的感悟也在这一起一落、一高一低、一苦一乐中得到升华。从此，只剩喜悦、纯粹、自信、圆融和丰盈。

人生得意须尽欢，人生失意须释然。漫漫人生路，何必在意一时的沉浮？尽情享受人生，才是“王道”。

如何正确看待人生？

✦ 培养淡然的心态

失败也好，成功也罢，它只是我们人生中某一阶段的状态，并不能决定我们的整个人生。所以，不要在意一时得失，不要纠结一时成败，始终保持淡然恒定的心态，做到“不以物喜，不以己悲”。

✦ 顺境时，学会居安思危

当我们发展得特别顺利时，一定不要得意忘形、忘乎所以，而应要有居安思危、未雨绸缪的思维，提前为可能到来的低谷做好预防措施。只有这样，我们才能在逆境来临时更加胸有成竹，处之泰然，行之稳当。

✦ 逆境时，学会积蓄力量

当我们遭遇磨难，被困难阻挡住前进的脚步时，一定不要自我沉沦，萎靡不振，而是要在低谷中韬光养晦，养精蓄锐。把逆境看成人生中珍贵无比的磨炼，在磨炼中充实自己的灵魂，修正自己的行为，才能真正地从低谷中腾飞而起，翱翔九天。

出走半生，归来仍是少年

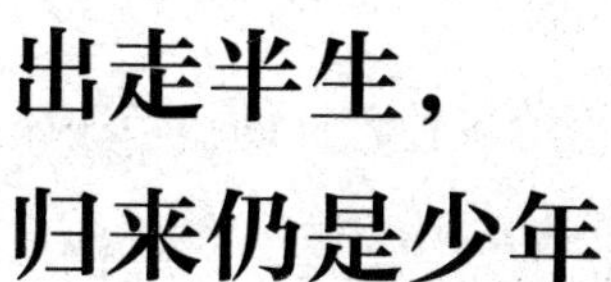

肯以本色示人者，必有禅心和定力。

——鲁迅

“愿你出走半生，归来仍是少年。”有多少人被这句话感动得泪流满面，把它当作箴言送给自己、挚友或子女。祝愿自己，也祝愿他们，漂泊半生，匆忙半生，奋斗半生，等到归来之时，仍如少年般率真、纯粹，永远拥有一颗真实、热爱、纯真的少年心。

多么令人震撼！

少年心，就是我们常说的本心、本色。在纷纷扰扰的世界里保持一颗少年心很重要。

然而，有多少人跑着跑着就迷失了自己，很多人习惯于以面具示人，将真实的自己隐藏起来，扮演各种各样的角色……要知道，面具戴久了，会误以为面具前的角色就是自己，把真实的自己弄丢了，忘了自己本来的模样，游走于各种角色之间，失去了找回自我的能力。

不知道自己想要什么，感受不到自己的真心，找不到自己本来的模样，人生最痛苦的事莫过于此。

从一名街边裁缝到服装公司掌舵人，只有赵芸娜自己才了解其中的艰辛，并深刻感受到在创业、守业过程中，始终保持初心，坚守本色究竟有多难。

出身贫寒的她深知失去生活的经济来源有多可怕。她开过流动的裁缝摊，走街串巷为别人量体裁衣；她做过成衣批发买卖，常常工作到凌晨；她开过服装店，为了找到当季最受欢迎的流行服装，时常跑到几百千米外的城市进货。

正因为自己淋过雨，所以更想为别人撑伞。在赵芸娜的家乡，一群下岗职工从来没想过自己会有成为老板的一天。赵芸娜创立服装公司后，她就把下岗职工当作公司发展的重要合伙人，对下岗职工采取了大力扶持政策。在她眼中，每一个下岗职工都可能是一支“潜力股”。她常常告诫员工:“我们就是要培养这样的客户（下岗职工），让他们能挣钱慢慢发展。今天他可能只进几套衣服，但过两三年，他可能进的就是成百上千套衣服。千万不要小看他们，要相信他们的潜力。”

如果说“不轻视任何一个人”是赵芸娜的人生信仰，那么，“懂感恩知回报”就是赵芸娜一生的行为准则。她将自己的成功归结于时代的馈赠和政策的红利。因此，在自己有能力的时候，必定要回馈社会。

赵芸娜在当地创办了一家服装设计培训机构。对于一些生活贫困但有学习欲望的学生，她采取“免费入学”的措施，让学生有一技之长。而且，这些贫困学生学成之后，她还主动推荐他们入职到各个分公司，改善学生的家庭状况。与此同时，她还主动接手多家资不抵债的服装厂，接收厂里即将失去工作的职工。

其中一家服装厂曾经是当地最大的童装品牌，由于种种原因濒临破产，眼看着厂里的300多名职工即将丢了饭碗。很多人都在劝她:“童装不是企业发展的重点，如此庞大的工厂，接了容易栽。”可是，赵芸娜却说:“厂子倒闭了，他们的生活怎么办？他们家里的老人和孩子怎么办？”所以，她宁愿自己累点儿、苦点儿、压力大点儿，也要全力保证所有员工的日常生活。

之后，赵芸娜整合了当地的服装厂资源，发挥独特的优势资源，建立了多个知名服装品牌，创造了多个工作岗位。“回报社会，造福百姓”的初心像一盏指路明灯，照亮着她前进路上的每一步。

除了在经济上作贡献，赵芸娜还在艺术领域积极探索。她高薪聘请艺术设计人员和职业裁缝入职自己的服装公司，在服饰上进行原创刺绣设计。刺绣图案包括十二生肖形象、中国古代神话故事人物形象以及各种国风小元素等。采用不同的针法表现图案和质感，让普通的服饰更加立体、饱满。这些图案所蕴藏的美好寓意，增强和丰富了服饰的文化内涵。随着服装畅销海内外，中国的刺绣文化也走向了世界，让全世界人民了解中国灿烂的服饰文化。

赵芸娜毫无保留地奉献一切，只为让更多的人过上物质和精神双富足的生活。倾其所有，付出全部，从未忘记过自己的初心和本色。

人的一生都是一边坚持做人的本色，一边奔赴诗和远方。在整个旅途中，我们收获喜悦、圆满、从容、满足、自信。但是旅途中看过的风景，体验过的快乐和悲伤，所有的一切，都有可能成为我们以本色示人的“干扰项”。

正因为如此，能够坚持本色才显得尤为珍贵。前路坎坷，困难重重，只要有初心作指引，就一定不会迷失方向。人生海海，充满未知，只要活出本色，就不枉人间走一遭！

最后，送给大家苏轼的《定风波·南海归赠王定国侍人寓娘》：

常羡人间琢玉郎，天应乞与点酥娘。自作清歌传皓齿，风起，雪飞炎海变清凉。

万里归来年愈少，微笑，笑时犹带岭梅香。试问岭南应不好，却道，此心安处是吾乡。

愿我们风尘仆仆、漂泊半生之后，依旧面带微笑，心怀热爱，初心不改，“万里归来年愈少”。

保持初心，坚守本色的小技巧

✦ 时时勤拂拭，频频望初心

走得越远，我们就越要时不时回望来时路。如果初心蒙上了尘埃，我们就容易彷徨失措，迷惑茫然，找不到目标和方向。这时，我们就需要“时时勤拂拭，勿使初心惹尘埃”了。初心越澄亮、明确、清晰，就越能成为我们人生的指路明灯。

✦ 守住底线是关键

想要保持人生的本色，最重要的是认清自己的底线。底线是我们安身立命的根本，也是我们人生最基本的底色。一旦我们突破了自己的底线，就容易陷入“肆无忌惮、无法无天”的境地，与我们的本色和初心渐行渐远。

✦ 练就强大的内心

只有内心真正强大的人才敢于扔掉面具，以最真实的模样示人。只有卸下枷锁，无惧评论，挣脱束缚，我们才能活出生命的本真。美也好，丑也罢，每个人都是那么鲜活、真实和有生命力。